世界と英語と日本人

宇津木愛子 著
慶應義塾大学教授

北樹出版

父と母に贈ります

目次

序

日本国が二〇〇年以上にわたる鎖国の幕を閉じ、一八五四年に日米和親条約をもって、公式に国を開いてから約一六〇年になる。そして今や地球規模のグローバル時代を迎えている。ビジネスのみならず環境問題、飢餓、そして自然災害時の援助、国境を越える感染病、難民の受け入れ問題、テロリストの攻撃など有事の対策において、地球規模で動かねばならない時代である。このような時代に言語の問題は避けて通れない。世界の言語は約六〇〇〇語と言われている。ロンドン大学東洋アフリカ学学院（ＳＯＡＳ）教授のピーター・オースティンが編集した『世界言語百科』（二〇〇九年）によると、使用者が数名しか存在しない絶滅に近い言語まで含めれば六九〇〇の言語が地球上に存在する。『言語天文台からみた世界の情報格差』（慶應義塾大学出版会　二〇一四年）においては、世界の言語数は七〇一五と報告されている。このような言語状況の地球で人は一体、どの言語をもって理解し合い交流するのか。これは極めて重大な問題である。地球上の途轍もない数の言語の中から現在、国際語という座についているのが英語である。

日本においては、英語ができなければ国際人にはなれない、グローバル時代について行かれない、そんな焦りのようなものが蔓延している。児童用の英語検定試験までできたこと、オール・イングリッシュの幼稚園ができて入園志望者が殺到している、などというニュースに唖然とする。このような「英語、英語」の大合唱の中、英語教育熱に警笛を鳴らす書も多数、出版されている。例えば津田幸男の『日本語を護れ！』（二〇一三年）、施光恒の『英語化は愚民化』（二〇一五年）、永井忠孝の『英語の害毒』（二〇一五年）などである。

日本語擁護論の中には、英語を排除する提言すらある。（注1）しかし、排除による擁護は真の擁護とは言えない。異なる言語の重要性の受容を伴う擁護こそが、真の擁護と言えるのではないだろうか。反動的な優越意識のようなものは避けるべきである。また、日本語を擁護する、日本語を大切にする、と論じたところで、具体的に、どういう点を、どのように大切にしていくべきか、などを分析的に考えてみない限り、あまり建設的な提言とは言えない。外国人が日本語を話すと優しい人に変わるという例をもって、日本語の優位性を語る書も最近目につくが、言語の優位性を論じたところで、そこからは何も生まれてこない。

日本人にとって母語である日本語を学ぶこと、擁護することは言うまでもなく重要である。しかし、英語を学ぶことの重要性も否定できない。大切なのは、日本語と英語が次の二つの理由で、異質の重要性を担っている点をしっかりと見極めることである。

（一）日本語は、日本国が存在する限り、永遠の重要性を担う。一方、英語は「時代が求める」重要性であり、この「時代」がいつまで続くのか誰も断定できない。

（二）日本語は国家の言語であり、日本人を日本人ならしめる言語である。一方、英語は、必要とする者のみが堪能になればよい。（アイヌ語、琉球語に関しては、（注2）を参照）

作家の水村美苗氏によれば「二十一世紀は英語の世紀(注3)」であるし、竹中平蔵氏によれば「英語は王座に君臨し続ける(注4)」とのことである。これは正しい見解であろう。しかし、同時に私の脳裏をよぎるのは、二十二世紀は一体、何語の世紀になっているのか、英語は二十二世紀にも王座に君臨しているのか、という素朴な疑問である。この疑問は、英国の欧州連合からの離脱声明により一層、現実味を呈してきた。

二十二世紀に世界の言語事情、日本の言語事情が如何ようになっているのか、誰も断定することはできない。現在の国連における公用語は英語、フランス語、スペイン語、ロシア語、中国語、アラビア語の六ヵ国語である。二十二世紀には日本語やEU内で重要性を高めつつあるドイツ語を含め、他の言語が国連の公用語入りする可能性も十分に考えられる。世界が「日本語の世紀」と認める時代が来る可能性もゼロとは言えない。

時代によって重要とされる言語は変遷する。歴史がそれを語ってくれる。徳川三代将軍、家光の時代に鎖国政策が発令された時（一六三九年）には幕府が認める外国語はオランダ語と中国語のみであった。開国の約五〇年前の一八〇四年にロシアから届いた開国と通商を求める手紙の中に、フランス語による訳が付いていたのを見た幕府の役人が、フランス語が国際語であることを察知して、フランス語習得プロジェクトが立ち上げられたこともあった。そして明治維新を迎えた近代日本においては、学問と実業界の双方において、英語とフランス語とドイツ語に関心が集中した。医学においては、もはや蘭学のオランダ語ではなく、ドイツ語を学ぶことが奨励された。

冒頭で触れた、二十一世紀に地球規模で取り組むべき有事のひとつに、二〇一六年六月に世界を震撼させたヨーロッパからの予期せぬニュースが挙げられる。まさかの英国のＥＵ（欧州連合）離脱声明である。しかも民主的な国民投票の結果である。おびただしい数の新聞記事、ジャーナルの記事が様々な角度から、この有事を捉え、英国が、ヨーロッパが、そして世界が先行き不透明な時代に入ったことを報道した。グローバル化の象徴とも考えられていた欧州連合から英国が離脱する。とりも直さず、英国が国境をとり返したい、独立した一国として進んでいきたいという、いわばナショナリズムがグローバリズムより優位に立った国民投票の結果であった。しかし、これは決してグローバル化の終焉を意味するものではないはずである。

グローバル化の是非について考えることは本書の目的ではないが、グローバル化が日々、進んでいることは認めざるを得ない事実であると思う。英国発の有事に関しても、世界に与えるダメージを最小限に留めるためには地球規模で対処しなければならない、ということを考えると、皮肉にも、英国の反グローバル化の動きは、むしろ、グローバルな世界の協力の必要性を証明する有事であると考えられる。次の通りである。

世界に目を向ければ、同様な反グローバル化の機運は至るところに見える。……モノ、カネ、ヒトが壁を遮られずに行き来するグローバル化の潮流は、それでも止まりはしない。英国のEU離脱問題が顕在化された負の側面を克服し、前進を続けられるか。日本を含めた世界の指導者が知恵を絞り、リーダーシップを発揮するときである。

（日本経済新聞社　欧州総局長　二〇一六年六月二十五日）

例えば日本においては、英国の Brexit 表明後二ヵ月も経たないうちに、コンサルティング会社が英国に欧州拠点をもつ日本の企業に今後のEUの動向の情報提供や組織再生のための助言を目的とした「ブレグジット・レスポンス・センター」を立ち上げるなどして、対策を急いでいる。

Britain（英国）と Exit（退出）を合成させた Brexit が世界中を不安にさせている。しかし、数多くの記事の中で、少なくとも Brexit 直後の数週間には、不思議にも言語の問題を真っ向から語る記事はなかった。言語は平和構築の潤滑油のような役割も果たし、国の内乱を回避するために言語が利用されることすらある（実例は第一章、第六節で挙げる）。公平性と文化の多様性の保護を重んじるEUの基本的原則に従って、加盟国すべての主要言語が欧州連合の公用語となっている。英語を主要言語として報告しているのは英国だけである。すると、この国が欧州連合から離脱すれば、ヨーロッパにおける公用語から英語が省かれるのでは。この懸念は当然である。しかし、英語は、簡単にはヨーロッパから消えることはないであろう。その理由は第一章、第三節で解説したい。

英国がEUから離脱すれば、フランス語のみならず、国連の公用語には含まれていないドイツ語の重要性が拡大する、という皮肉にも、世界は無頓着であった。言語の問題は政治・経済の重要性に覆いかぶされてしまっていることも窺い知ることができるBrexitという名の英国発の事変である。

世界が新しい時代を迎えようとする中、言語の問題を論じることは極めて重要である。世界を学ぶこと、外国語を身につけることは、教養人としての素養であり、この二つは同一線上に位置している。極東アジアの一国の一大学で教鞭をとる一人の教員として、今できることは、「英語の世紀」と言われる二十一世紀に国際教養教育の一環としての英語教育に力を入れ、他の言語の世紀が訪れようとも、ひるむことなく、その言語に挑むことができるような基盤となれる教育法を試みることである。

大学教育の現場で私が担当しているのは必習としての英語科目の他に「国際問題の研究と議論」として二〇〇四年に開設されたセミナーであり、毎年、非常に優秀な学生たちが国際問題のリサーチに真剣に取り組み続けている。同時に、国内外の諸問題を英語でディベートする教育にも生き甲斐を得て、学生たちの多視眼的思考の開発と英語力の向上のために、一九九七年より今日に至るまで、英語で意見を述べ議論する教育に携わっている。二十世紀から二十一世紀にわたって続けていることになる。多くの感動を与えてくれる在学生と卒業生の活躍に支えられての教員生活である。そして、今、二十二世紀を見据えての授業を展開している。今年生まれた赤ちゃんは八四歳で二十二世紀を迎える。現在の大学一年生が百二歳までの長寿に恵まれれば二十二世紀を見られる。彼らの子たちの殆どは二十二世紀まで健在でいられるはずである。

私の切なる願いは、学問の場を共にした学生たちと、二十二世紀を生きるその子たち、孫たちが日本の伝統を学び理解し、次世代に伝えてくれること、そして日本人としての誇りを抱いて国際社会に貢献できる多くの人材を日本が生み出してくれることである。このような思いを抱くと二十二世紀は「ずっと先」という感覚以前に、グローバルに活躍できる人材を育てる教育は、むしろ「急務」であるという責任を実感する。本書の目的は二十二世紀をも見据えた上で、現在、必要性が高いとされている英語に、いかに向き合うべきかという問題を学習者と教育者側の双方からの視点で考察することにより、学生のみならず、一般社会人の方々に英語を使えるようになる為の指針と呼べるようなものを提供することである。

「二十一世紀は英語の世紀」という文言を耳にすると、まず何をイメージするだろうか。恐らくアメリカのビジネスが台頭する二十一世紀の現状を思い浮かべるであろう。これは決して間違った認識ではない。しかし完全に正しい認識とも言えない。

確かに、身近な例だけを眺めてみても、インターネット上の主要言語は英語であり、また様々なIT関連ビジネス、そしてファースト・フードなど、アメリカのビジネスが世界を制覇するごとく猛威をふるっている。伝統的な紅茶文化を誇るイギリスにおいてでさえも、既にロンドンにはスターバックスが複数の店舗の展開に成功し、紅茶文化という伝統を愛するイギリス人もスターバックスのコーヒーを楽しんでいるという。このような、ごく身近な例を眺めただけでも、アメリカのグローバル化には、目を見張るものがある。日本は政治・経済面でアメリカとの関係が強いために、ともすると、英語を学ぶ際、アメリカの文化や価値観を前提にしてしまう。英語を国際語という認識で捉えるのならば、この傾向は決して望ましいものではない。

　グローバルと呼ばれる時代ゆえの日本における英語化が、真剣な検討をせずして進むものであるとすると、一体どこへ辿り着くのであろうか。それは輝かしく国際化された日本国では決してないはずである。国際人にとっての地についた教養とは何かを深刻に考えない限り、母語をも充分に理解できずに、自国に対する尊厳を失い、何をもって誇りとするかを見失った混迷の世界である。「時代が求めるもの」の誤った解釈に流された結果、日本人の心に宿る伝統という支えを喪失するという、このあまりにも大きな代償に日本国民が早期に目覚めることを祈ってやまない。そのような切なる願いをこめて綴る書である。

【注】

（1）津田幸男『日本語を護れ』明治書院　二〇一三年の中の「日本語保護法」草案にて英語排除を唱っている。
（2）アイヌ民族と、その言語は日本の重要な文化であり、その伝統を大切にするべきであることは言うまでもない。しかし、アイヌ語に関しては、実生活で使用できる人口は数名になっている。国連で言語を管轄するユネスコは、既にアイヌ語を絶滅の危機にある言語の類に含めている。

琉球語に関しては、日本語と構造を異にしており、ユネスコから幾度か、日本語から独立した、ひとつの言語として扱うべきであるという勧告を受けている。しかし、日本政府は、これを日本語の中の特殊な方言という扱いをし、琉球方言、または沖縄方言と呼ばれている。奈良時代、もしくは、それ以前に日本語から分岐した言語である。

「日本人」という用語は厳密には「日本語を母語とする人々」とするべきであるが、冗長な名詞句は避け、本書では一貫して「日本人」という略語を使わせていただくことをご了承いただきたい。そして、その母語の中には、絶滅に近いアイヌ語、及び筆者が知識を有していない琉球語は含めないことをもご了承いただきたい。

（3）水村美苗『日本語が亡びるとき――英語の世紀の中で』筑摩書房　二〇〇八年。

（4）竹中平蔵『竹中流「世界人」のススメ――日本人が世界に飛びだすための条件』ＰＨＰビジネス新書　二〇一三年、二三六～二三八頁。

第一章

世界語としての英語の普及

第一節　アジアにおける英語(1)

ビジネスをグローバルな視点で捉えるのであるなら、言語を考える際も、地球規模で概観する必要がある。地球規模で言語を考察すれば、アメリカのビジネスの台頭だけをもって「英語が必要」とすることが、決して充分な根拠に基づいたものではないことに、すぐ気がつくはずである。アメリカを始めとする先進国に目を向ける傾向が強過ぎて、日本人は自分たちがアジア人であることを重視しなくなってはいないだろうか。アジアの一国として他のアジア諸国と交流することが不可欠であることは言うまでもない。しかし、残念ながら、アジア諸国の間には共通言語というものはない。従って、英語が相互理解のための大きな役割を担う。なぜならば、アジアの多くの国々がアフリカと同様に列強の植民地になった歴史をもち、英語を第二の国語、もしくは実務上必要とされる公用語にすることを強いられた結果、今日でも英語が広範に用いられているからである。アジアにおいて英語を話す人は8億人に達しているという推計もある。ＯＥＣＤ教育研究革新センターの調査によると、アジア、アフリカ、太平洋及びカリブ海諸国のうち、英語を公用語、もしくは準公用語と指定している国は七〇ヵ国にも及ぶ。英語は複数の文化を背景にもつ言語という見方が正しい。

二十一世紀のグローバルと呼ばれる時代において、日本はアメリカを始めとする英語を主たる言語とする国々のみならず、アジア諸国を含め多くの国々と、経済の発展のため、そして様々な地球規模の問題と取り組むために、これまで以上に密に交流していくことが求められる。だが日本で英語教育を受けたにもかかわらず、このような国々に出向いてみて、期待していたほど英語が通じないことが往々にして起こり得る。それは、いた仕方のないことである。複数の文化との接触により英語と他の言語との、いわば混成言語化が進んでいるのである。外国語として規範に則って学ぶ英語と、そうでない多様な目的で発展した英語との相違は一般に想像されている以上に大きい。

イギリスの言語学者である David Crystal は著書 *English as a Global Language*（一九九七年）の中で英語が如何に世界に浸透しているかを三重の円を用いて次のように解説している。この書は二〇〇三年に再版されているが、一九九七年の初版と二〇〇三年に再版された書の中の図において人口の数値が変更されている。その後、更に数値が変わっていることは容易に想像できる。こ

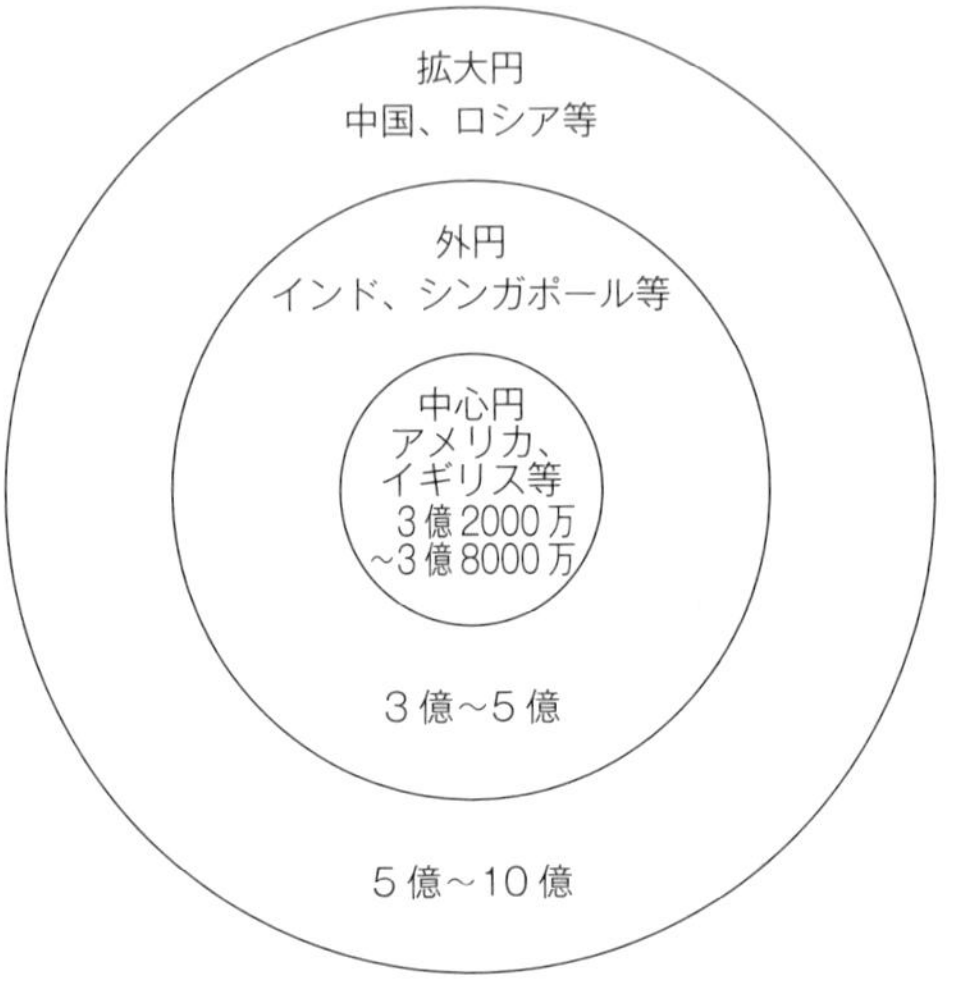

図1-1　英語の三つの「円」

こでは二〇〇三年に示された数値を記させていただく。中心部を構成する国は英語を第一言語（the primary language）とする国である。USA、UK、アイルランド、カナダ、オーストラリア、ニュージーランドが該当する。この中心円の人口の数値は一九九七年に示されたものと同じである。そして次の外円部は英語が行政上必要とされ、第二言語とする国である。その代表としてシンガポールとインドを挙げ、クリスタル氏によると、その他五〇以上がここに含まれる。そして一番外の円には、この図の中央部にある円の国によって植民地化されなかった国々を置いている。英語を「外国語」として学んでいる国である。具体的には中国、日本、ギリシャ、ポーランドを挙げ、この拡大円を構成する国の数は増えつつあると述べている。

英語を母語とする人々の数よりも英語を母語とはせずに英語を使うアジア人の数のほうが圧倒的に多いことを本名信行氏が「アジアは世界最大の英語地域である」という表現で示している（『事典　アジアの最新英語事情』二〇〇二年）。このように、クリスタル氏の調査（二〇〇三年）や本名氏の報告（二〇〇二年）を通してアジアの英語事情を概観することができる。いずれも、およそ一〇年前の報告であるが、これを見ただけでも、アジアにおいての英語の普及には驚くべきものがある。今日では、ＡＳＥＡＮ（東南アジア諸国連合）やＡＰＥＣ（アジア太平洋経済協力）などの国際会議においての公用語も英語である。ＡＳＥＡＮに関しては英語を母語とする国は含まれていないにもかかわらず、英語が公用語となっている。ＡＳＥＡＮ結成の翌年、一九六八年にシンガポールにＲＥＬＣ（Regional English Language Center　地域英語センター）が設立され、加盟国の英語の養成に当たった。当時のこのセンターにおける教師は、殆どがシンガポール人、マレーシア人を中心としたアジア人である。ここで養成された教師たちがベトナムやカンボジアに渡って英語教育に携わった。これがアジアにおける英語教育のひとつの側面である。

アジアにおいては日本、韓国、中国のように英語を外国語として学ぶ国もあれば、子供の頃から家庭で英語を話して育つといった国もある。例えば、シンガポールでは中国語（マンダリンと呼ばれる北京語に近い標準語）、マレー語、タミル語と並んで英語は公用語のひとつであり、インドにおいては、連邦公用語と呼ばれるヒンディー語に次いで、英語は準公用語と呼ばれているなど、アジアにおける英語に対する認識の仕方、英語使用の目的や存在意義は実に多様である。同じ国の中でも地域によって、また生活水準によって英語の普及度には様々な段階がある。同時に英語教育に当たっている教員の資質も多種多様であることも留意する必要がある。

第二節　ＥＵ公用語の建て前

欧州連合（ＥＵ）は文化の多様性と保護を基本的原則としており、誰もが自国の言語で発言できるよう、加盟国の主要言語のすべてをＥＵの公用語としている。自国の言語で意見を述べられる、ということで公平性を強調している。序で述べた通り、英語を主要言語として通知しているのは英国のみである。アイルランドとマルタにおいても英語は公用語ではあるが、ＥＵにおいては、それぞれアイルランド語とマルタ語で登録している。

英国のEU離脱交渉が始まり（英国の新首相によれば二〇一七年からとのこと）、二年後に離脱の手続きが完了すれば、当然の帰結として、英語がEU公用語から消えるのでは、という危惧が発生するだろう。欧州委員会のジャン・クロード・ユンケル委員長は二〇一六年六月末の委員会において「会議ではフランス語とドイツ語のみが使われ、英語は使われなくなるだろう」と発言している。

EUが二四の言語を同等に重要視している、という点に関しても、将来的には英語はEU会議で使われなくなるだろう、という発言に関しても、存分に建て前的な色を帯びている。

前者に関しては、確かに欧州委員会宛の文書は、いずれの言語で作成しても良いとなっているし、その文書への応答も同言語で作成されることや、EUの広報誌である〝Official Journal of the European Union〟が二四の公用語で発刊されていることなど、表向きには公平性が重んじられている。しかし、翻訳と通訳にかかる費用が膨大なために、二四の公用語で行うという原則を首尾一貫して遵守することは不可能のようである。

欧州委員会の法令や、その他極めて公共性が高い重要文書は、二四の公用語に翻訳されるが、それは欧州委員会の全公式文書の約三分の一とのことである。欧州委員会宛の文書は二四言語が認められているが、欧州委員会における作業文書の言語（Working Language）は、英語、ドイツ語、フランス語の三言語だけであることが、駐日EU代表部公式サイトで公表されている。

第三節　英語もEUから離脱か

右で示したように重要な三言語の一つである英語が、英国のEU離脱の手続き完了と同時に、あたかも、すべての役割を終えたかのようにEUの会議や公式文書から姿を消すことは到底、想像がつかない。右のユンケル委員長の発言は、なかば感情に走ったものという印象を受ける。英国、アイルランドの国内、マルタの国内においては英語が公用語である。従って二八のEU加盟国の中で英語を公用語としていないのは二五ヵ国である。そのうちの十九にも及ぶ国が「公用語以外に最も広く使っている言語」として英語を挙げている。自分の子供に習得させたい言語として七九パーセントのEU市民が英語を挙げているという公式な調査結果もある。

またEUの本部があるベルギーのブリュッセルにおいては、今後も英語が広範に使われることが予想される。その理由はベルギーの言語事情が極めて複雑だからである。ベルギーの北部はオランダ語圏（ゲルマン系言語）であり、南部はフランス語圏（ラテン系言語）、そしてドイツに隣接する地域はドイツ語圏（ゲルマン系言語）と明確な線が引かれている。

首都のブリュッセルは北部にあるので、オランダ語圏に含まれる。しかし、この都市に限っては、オランダ語とフランス語の二言語併用圏となっている。言語圏の違いが原因で対立感情さえ存在するという。言語に関わる細かい条例もあり、ベルギーにおける言語の問題は深刻である。これに加え、特にブリュッセルには国際機関の本部が多数あるために、必然的に英語が中立的な国際語として使われ続ける見込みが高い。

EU加盟国の主要な第一言語のみでなく、複数の言語を登録できるよう規則を変えれば、英語もEU公用語のリストに残る可能性は大きい。それでも、英国がEUを離脱すれば、ドイツ語とフランス語が優位に立つことは、認めざるを得ない。それを認めた上で、英語の有用性がヨーロッパから消えることはない、と本書の筆者として信じたい。英国のEU離脱の手続きが完了した後も英語は実務上の共通言語という形でEUに残るであろう。

英語が世界を謳歌する時代がいつまで続くのかは全く不透明である。しかし英国のEU離脱をもって、英語の重要性が一気に軽減することは考えられない。仮に英語がヨーロッパ大陸から消え去ったとしても、アジアでの重要性を考えれば、それは明白である。

第四節　多様化する英語

先に、外国語として規範に則って学ぶ英語と、そうでない多様な目的で発展した英語との相違が大きいことに触れたが、その理由のひとつに、英語を母語としていない国における英語の変種化という現象がある。この傾向が最も強いのは便宜上、英語を公用語としている国である。英語を母語とする人ですら理解不可能なほど変化してしまうケースもある。植民地政策時代に英語を強いられた国においては、英語は彼らの伝統を担う言語ではないので、それぞれの国において使い勝手の良いことが優先され、その結果、英語が様々な面において（発音、文法、語彙など）変種化しながら発展するという現象が生じる。

日本人の英語は決して流暢ではない、いわゆる「ぺらぺら」とはほど遠い。しかし、大切なのは「ぺらぺら」流の英語の習得ではなく、たどたどしくても、不自然さがあっても、学校で学んだ規範に則っていること、そして知性を感じさせる内容であること、それが最も大切なことである。まさに、この理想を代弁してくれるかのように、シンガポールにおける「よい英語を話そう運動」(Speak Good English movement) の開幕式(二〇〇五年)で、リー・シェンロン首相が次のような演説をしている。

よい英語を話すというのは、美辞麗句や気取った表現を使うことではなく、またアメリカ人のようにアメリカ英語を話すことでもない。(略) なるべく規範的な文法で完全な文を話すだけのことである。

(『多民族社会の言語政治学』二〇〇六年)

これは、喝采に値する卓見であったと思う。同時にシンガポールにおいての英語が他の公用語である中国語、タミル語、マレー語との接触によって、いかに変種化してしまったかを如実に示している。

私自身が大学生だった頃と異なり、二十一世紀には、驚くほど多くの学生たちが大学のサークル活動などでボランティアとして、かつて列強の植民地となっていた発展途上国へ出向いている。帰国後の報告の中で、よく耳にするのが、「とても早口の英語で聞き取れなかった」「自分の英語力の低さを痛感した」といった言葉である。ボランティア活動は実り多いものであっても、英語力に関しては、かなりのマイナス思考にスイッチが入ってしまうケースが多い。どの英語が、より優れているかという優劣の問題ではなく、公用語として使用することを強いられた歴史をもつ英語と、学校で外国語として有資格者の教員から学んだ英語との間には大きな溝がある。通じなくても、ひるむことはないのである。正々堂々と「聞き返す」こと、何度「聞き返され」ても、忍耐と使命感をもって取り組めば解決する問題である。変種化した英語に同化する必要はないが、受容して理解し合う努力と、折れないメンタリティが不可欠である。

同様の姿勢と精神力が英語を母語とする人々と接する際にも求められる。英語を母語とする国は五〇州から成るアメリカ合衆国の約三〇の州、英国、オーストラリア、ニュージーランド、アイルランド、カナダである（カナダの場合にはフランス語も英語と同等の位置にある）。日本人が学ぶ英語と英語を母語とする人々の英語の相違は発音、表現法、語彙に至るまで歴然としている。アメリカ映画を字幕を見ずして理解しようと努めたけれど、全く聴きとれなかった。このような経験で自身の英語力に否定的になってしまった経験はないだろうか。そういう自己否定観念を、まず一掃するべきである。私自身、英語を教える立場でありながら、アメリカ映画を見る際、気がつくと必死で字幕を読んでいる。聴きとれないし、また映画の中のジョークひとつ例にとっても、その文化にいる者でなければ全く理解できない場合もある。

実は英語を母語とする人々の英語ですら、様々な方言があり、発音から表現法に至るまで地域差も大きい。更に、イギリスのように社会的な階級がはっきりとしている国においては、地域的方言に加えて社会的方言（注1）というのもある。それに加え、どの言語においても個人差（言語学ではidiolect と呼ぶ）もある。英語を母語としているからと言って、その誰もが、英語のテキストのような英語を話し、書くわけではないのである。つまり、英語を母語とする人々ですら、必ずしもTOEICのテープから流れてくるような、明瞭な発音で完璧に文法にかなった発話をしているわけではないのである。まず、そのことを認識し、聴き取れなかったら、何度でも聞き返すことのできる、いわば強いメンタリティをもつことが大切である。

元国連事務次長の明石康氏の講演会やシンポジウムを数回、拝聴したことがある。四〇年以上、国連の会議に出席している明石氏の講演の中に必ずと言ってよいほど出てくる話題が国連における英語である。国連の会議における英語は多種多様であり、途轍もなく早口であったり、時には明らかな文法無視の英語も飛び交うそうである。

世界のグローバル化が進めば進むほど、英語の有用性が叫ばれる。そして地球規模で言語が普及すれば、そこには必ず変容、もしくは変種化と呼ばれる現象が伴う。このような時代に日本における英語は、どうあるべきか、それを真剣に考えなければならない。日本人の英語が規範に則った正当性の高いものであることの重要性を再認識するべき時代なのである。日本における英語教育の低学年化や英語を母語とする教師によるオール・イングリッシュの授業の効果に関しては、決して否定はしない。しかし、大切なことは、「日本人らしい」英語を尊重することである。グローバル時代であるからこそ、日本人は日本人らしい英語をもって世界とわたり合うべきである。

日本人にとって大切なことは、英語教育の有資格者から、「あくまでも外国語として」地道に学んだ「日本人としての英語」を駆使して、グローバルと呼ばれる時代を生き抜くことである。

第五節　外国語に対する過剰な構え

日本の外国語学習者は複数の言語が混在している国の人々と異なり、外国語に接する際、必要以上に緊張して構えの姿勢をとってしまう傾向が強い。そして、外国語学習に関しては弱気になり易く、必要以上に苦手意識が強い。母語である日本語の運用においてさえも、繊細な感覚を抱いている国民が外国語学習となれば、一層、繊細さを増し、自己の外国語の能力に関してマイナス思考に圧倒されてしまう傾向がある。このような心理を充分に理解していない教員が、一生懸命に取り組む学生の発話や文章に対して「過剰矯正」をすることで真面目な学生が学習意欲を失う例も決して少なくない。それればかりではない。無意識下で、その学生の自己否定といったものまでが進行してしまうケースもある。学習者の向上意欲を育てながら、苦手意識を徐々に取り除き、勇気をもって外国語学習に取り組む環境を作ることは、教員の重大な責務である。これは、一時も忘れてはならない大切な責務である。学習者の努力以上に教員側の努力が必要であり、学生の能力を引き出すための様々な工夫が求められる。

日本国民は、母語で交流する際にも、複雑な敬語の用法を始めとして非常にデリケートな言語空間で生きている。日本人にとってのグローバル化に求められるのは、まず、繊細な言語空間から脱皮し、巨大な世界の言語空間に飛び出す勇気とメンタリティを得ることである。このことは学習者と教育者の双方が認識するべき点である。

また、ネイティブ教員の資質として考えなければならない問題は、英語を母語としているという事実をもって、学生に対してのみならず、日本で英語教育を受けた英語教員に対してまでも、上から目線で接する一部の教員の不適格な姿勢である。「外国語」として学んだ言語には不自然さは免れない。しかし、その不自然さを恥じる必要は全くないのである。その根拠の詳細は第四章で述べさせていただく。ここでは、私の英国での経験をお伝えしたい。かつてケンブリッジ大学東洋学部の日本語学科で非常勤講師をした経験がある。そこにおいての教授、講師陣の多くが英国人であった。つまり、日本語を「外国語」として学んだ教員であった。従って、日本語を母語とする私の耳には、不自然に響く表現にも多々遭遇した。しかし彼らに対する私の尊敬の念に、ゆらぐものは全くなかった。この種の畏敬の念が日本で英語を教える、英語を母語とする教員の多くに、明らかに欠けている。

英語を教える教員であっても、日本語の特質を充分に理解し、それが、どのような形で日本人の英語の読み、書き、発話に影響を与えるのかという問題を理解し、不自然な英語表現を繰り返し用いた学生がいたなら、なぜそのような表現形態を好むのか、そこまで理解する、少なくとも理解しようとする者のみが真に優れた英語教育を施すことができるのではないだろうか。言語は感性の所産であることを忘れてはならない。その感性とは、とりも直さず、母語が生み出してくれる人間として尊厳に値するものである。学生の母語に関する知識がなく、母語による発想の影響により誤った、もしくは不自然な表現を用いてしまった学習者に対して、それを単に繰り返し機械的に修正するだけといった教育は正しくない。また、学習者の外国語に対する苦手意識を増長させてしまうような修正や注意の仕方は、非人間的な、非人道的な言語教育であると私は考えている。英国に留学した学生がブリティッシュ・イングリッシュで好まれる表現を用いて、それは不自然だと米国出身の教員に修正されたということを耳にしたことがある。逆のケースもあると想像する。こういった例は、すべて教員の世界観の欠如から起こる誤った教育である。

第六節　アジアにおける英語(2)

アジアの言語状況に話を戻そう。なぜ英語が広範囲に普及したのか。二つの要因が中心となっている。多くの国において、この双方が複雑に作用しあって英語が欠かせない言語となっている。

(一)　多民族多言語社会であるので、国民統合の手段として英語が用いられる。
(二)　被植民地として列強の言語である英語を強いられた。

右の(一)の例としてシンガポールの例を挙げたい。英語が国内紛争を避けるために用いられている例である。シンガポールは多民族社会である。公用語は先に記した通り、中国語、マレー語、タミル語、そして英語である。人口的には中国系が圧倒的に多いが、マレー語も公用語にしているのは近隣諸国(マレーシア、インドネシア、ブルネイ)に対する配慮と言われている。どの言語を主たる公用語とするかによっては、内乱を招くおそれもあるので英語をも公用語としている。つまり、この国において英語は「国内統一の言語」として、その中立性が重視されており、国内における平和なコミュニケーションの媒体としての役割が大きいのである。伝統を担う言語というあり方ではなく、英語がもつ中立性ゆえに広く使われている例である。シンガポールにおいての英語は中国語、マレー語、タミル語と同列に公用語という扱いになっているが、英語を母語とする民族が不在という意味で他の三ヵ国語とは異質である。先のクリスタル氏による円の図の解説の中で英語が第二言語という扱いをされているのは、そういった背景があるからである。シンガポールでは、他の多くのアジア諸国と同様、小学校から英語教育がなされるが、日本における英語教育とは目的が甚だしく異なっている点は留意する必要がある。

右の（二）についても、少し補足したい。英国のヴィクトリア朝時代（一八三七〜一九〇一）は大英帝国が七つの海を制覇した時代と言われ、ヴィクトリア女王は大英帝国の女王のみならず、一八七七年にはインドの皇帝の座に就いた。アメリカ、アフリカ、アジア、そして太平洋諸島に至るまで、英国の冠をいただく国は、全世界の五分の一に達していた。ユーラシア大陸の北部及び南アメリカを除いて、ほとんど全世界に英語が普及した。一九四〇年から一九九〇年の半世紀の間に独立した百ヵ国のうち、五六ヵ国が英国の旧植民地であった。ロンドン大学SOAS（東洋アフリカ学学院）のピーター・オースティン教授によると、一八九七年にヴィクトリア女王即位六〇周年を迎えるまでに、英語は世界の四分の一で使われるようになっていた。

このように多くの国々の、その言語事情の背景には植民地政策という歴史が横たわっている。このような歴史上の爪あとの一つとして、公用語としての英語があるといえる。こういった文脈で使われる公用語というのは、文化や伝統を担う必要のない、実務的な言語のことである。文法の正しさ、言語としての品位といったようなことは、とりわけ重要視されることはなく、「意思が通じ合うこと」、「公務を遂行できること」が求められる言語である。田中克彦氏（二〇〇〇年）によれば、この種の公用語とは、「そこの州や国家に居住する諸民族の母語に対する権利を保証した上で、実務の上で行使を認められた概念としての言語」である。(注2) 分かり易く換言すると、公用語というのは、あくまでも実務の上で使用される、文化や伝統といったものを背景にもたない交流の媒体としての言語であるということになる。便宜上の手段であるゆえに、文法の乱れも認められる傾向にある（公用語という用語で注意しなければならないことは、右のような文脈で用いられるのみならず、国家語、もしくはその地域で多くの人々にとっての母語であるという意味で用いられることがある。例えばアメリカ合衆国は、州によって主たる言語が異なっている。州語という用語は元来、存在していないので「公用語」という用語が代用されている)。

第七節　日本人にとっての英語

日本人にとっての英語は、右節で述べた(一)と(二)の、どちらにも該当していない。この点を認知するべきである。他国から英語を強いられた歴史もなく、また、民族統合のために英語を「便宜上」使わなければならなかった歴史もない。英語は「外国語として」資格をもった教員により規範を重んじた教育が施されている。このような英語に関わる歴史上の事実は無視できない。他のアジアの国々の英語の多様性、変種化を受容しながらも同化することなく、日本人は日本人としての英語を保持するべきである。これは決して優劣の問題ではなく、異なる歴史をもち、質の異なる英語教育を受けられる恩恵に対する日本人としての責務であると考えるべきである。

日本において英語は外国語として教えられる。日本は歴史上、英語を公用語として強要されることはなかった。一八五三年のペリーによる開国の交渉時にも、第二次世界大戦の敗戦後のマッカーサー元帥による指令においても英語を公用語とする要請はなかった。また明治時代の文部大臣である森有礼（一八四七〜一八八九）が一八七三年に提案した日本における英語公用語論も真剣に取り上げられることはなかった。つまり、日本は少なくとも三度の危機を免れている。仮に英語が公用語であったとすれば、公務上「通じれば」こと足りる言語である。文法的な正確さよりも公務を遂行することが優先される。しかし、幸いにして現実はそうではなかった。一般の日本人にとっては、英語は、どこまでも外国語なのである。「通じれば充分」という質の英語力ではいけないのである。完璧である必要はなく、それは無理なことであるが、英語という言語にとって最低限求められる規範に則った、正しい英語を身につけるべきである。願わくば、品位ある英語である。

日本における英語教育は質が高いということが、これまでの解説から窺い知ることができると思う。ところが非常に残念なことに、その教育が実り多い結果を出していないのである。日本人は悪名高き「英語不得意」国民という屈辱から、いまだ脱せられないのである。次の章では、この深刻な問題の解明を試みたい。

【注】

（1）英国の世襲的な階級の違いは明確に言語に反映される。英国の経済学者、W・A・ルイス（一九一五〜一九九一）は「舌に烙印を押されて」生まれてくる、という表現で、それを示している。社会的方言のひとつの例として、故サッチャー元首相は労働者階級の出身であったために、首相になるに当たって専門家による言語矯正を受けた。そして、その後は労働者階級の言語（社会的方言）で話すことはなくなった。日本の社会では考えられないことである。社会階級を失くそうと努めた首相もいたが、一国の伝統、長い歴史をもつ社会の構造とそれに対する国民の意識は、そうたやすく改造できるものではないことを、英国の社会的方言から学ぶことができる。

（2）田中克彦「公用語とは何か」『月刊　言語』大修書店　二〇〇〇年8月号。

第二章

英語が身につかない原因の究明　その1

内発的使命感の欠如

第一節　「英語」という悩み

英語に関する次のような悩みや焦りを頻繁に耳にする。

大学生の悩み　―　受験期の英語力が、受験が終わると同時に急降下し始め、単語も、どんどん忘れていく。焦りを感じる。

社会人の悩み　―　中学、高校、大学の十年間、英語を真面目に勉強した。英会話学校に行ったこともある。でも、書く力も話す力も身についていない。

学校で十年間教育を受け、しかも専門学校にまで行って、それでも外国語が身につかないという現実は、いわば不思議な現象と言っても過言ではないと思う。英語教育に携わる者として、ただ不思議に思っているだけではいけないという責任を感じる。右のような負の現象の話を聞いていると、多くの場合、自分を責めるような反省に近い感覚を抱いている印象を受ける。

教員であっても、そうでなくても、右に並べたような悩みは、耳にしたことがあると思う。外国語を十年学んでも、いわゆる「使える」状態には程遠いという現象は乱暴な言い方をすれば、異常である。途轍もなく深いところで何かが邪魔をしている、そうとしか考えられない。その深いところの核心をつく論議がなされないまま今日に至っている。二十一世紀を迎え十五年以上経っても右の悩みは尽きることがない。この深刻な問題の原因究明がなされないまま、日本中で「英語が必要」の大合唱が始まってしまったのである。

第二節　英語が身につかない明確な理由

英語が身につかないという、この「不思議」な現象の、深いところに潜む原因を理解し、更に解決法を模索するには、一筋縄では無理である。本書においては、次の二つの側面に焦点を当て、本来、能力を有している日本の英語学習者の英語力が輝かしい成果を出せないでいるには、それなりの理由があることをご理解いただければ幸いである。

（一）**内発的使命感の欠如**
スマート・パワーとしての英語力

（二）**ドクサからの解放**
母語である日本語に関する見識の浅さの自覚

カタカナ語ばかりで、この時点では奇妙な印象を与えてしまい恐縮であるが、本章において「内発的使命感の欠如」について、そして次の章で「ドクサからの解放」について、できる限り分かり易い解説を試みたい。

正しい規範に則った文法、いわゆる「学校文法」は大切である。文法教育から始まる英語教育は正当な教育である。ただ、その正しさには弊害も伴う。文法規則を覚えることは、まさに受身の学習であり、義務感が優勢になる傾向が強く、「面倒くさい」感に圧倒されて、この段階で既に英語離れをしてしまう生徒も多いと想像する。この種の問題の解決法を提案したい。義務感と同時進行に、何らかの異質の「感」が学習者の心内に生まれれば、この文法学習の段階の退屈さを克服できると考えている。

さて、ここで私が考えている異種の「感」とは、どういったものであるのか。非常に回りくどく、長々しい解説になってしまうが、大切なことであるので相当な紙面を使わせていただくことになる。まず、スマート・パワーと言う概念を知っていただきたい。実は、この理論は外国語学習とは本来全く無縁のものであるが、私はこの理論は外国語学習にも大きく貢献する理論と信じている。そして、この理論の大胆な応用を試みたい。

第三節　パワー・バランス理論

ハーバード大学で政治学の博士号を取得した国際政治学者であり、安全保障問題に関する研究において世界的な第一人者として活躍しているジョセフ・ナイが二〇一一年に出版した *The Future of Power*（『スマート・パワー』山岡洋一、藤島京子訳）は、軍事力の話が多いことや、彼自身がアメリカ国務次官補などアメリカ政府の要職を歴任したこともあって、彼の理論はアメリカに特化した内容のような誤解も受け易いようであるが、その印象は決して当たっていない。グローバルな視野で、日本についての言及も幾箇所で行われている。日本に関しては、人口の減少などの危惧があるものの、大きなソフト・パワーを保持していると述べ、具体的には、日本の伝統文化と大衆文化（popular culture）を挙げている。また、政治学以外の多くの研究分野にヒントを与えてくれるという点からも、極めて普遍性の高い理論と言える。

政治学者であるナイ氏の理論の中には言語学的な研究は全く含まれていない。しかし、私は彼の研究に普遍性を見出し、言語習得の考察にも適用できると考え、本書では、ひとつの冒険として、ジョセフ・ナイのこのパワー理論を日本における英語教育に持ち込み、そのあり方と、学習者の心理を分析することによって、今、何が欠如しているのか、そして今後、如何なる改善が可能であるのかを考えてみたい。

ナイ氏の理論の基底にあるのは、二つの性質を異にするパワーである。ハード・パワーとソフト・パワーという用語が当てられている。この二つをバランスよく組み合わせることによって、スマート・パワーという効果的なパワーが生み出される、というものである。図式化するまでもないが、次のような理論である。

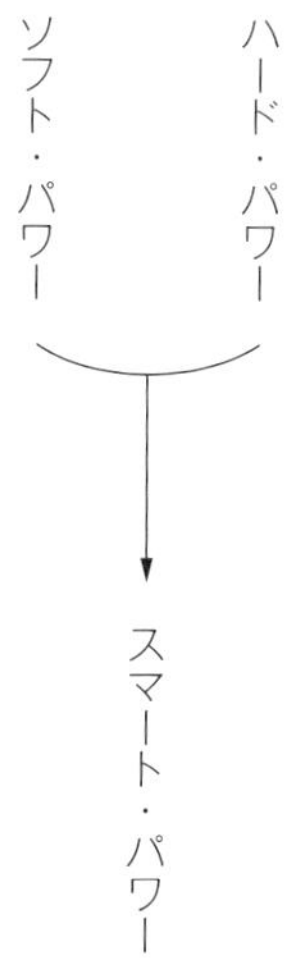

この二つのパワーを簡潔に区別するなら「強制力が伴うか否か」ということになる。ハード・パワーとは、強制力が伴うパワー（例えば軍事力は国家の強制によって生まれるパワー）であり、ソフト・パワーとは説得や魅力によって引き出される、強制力が伴わないパワーである。換言すると、ハード・パワーは押す力、ソフト・パワーは引きつける力と言える。

ナイ氏によると、その国の文化はソフト・パワーの基本的な資源である。そして、彼いわく、文化は静的ではなく、様々な文化が様々な形で相互に影響し合う。文化と力の関係については更なる研究が必要である、と述べた後に、彼は次のような例を挙げている。

たとえば現在、イスラム社会の一部でみられる過激派の吸引力を西洋文化の魅力で減らすことができるのだろうか。橋渡しができないほどの文化的隔たりがあると言う人もいる。しかし、イスラム教国のイランの場合を考えてみよう。西洋の音楽やビデオはこの国を支配する宗教指導者には嫌われているが、多くの若者が魅力を感じている。

このように、ナイ氏の理論によると、ソフト・パワーに深く関わる要因は「魅力」、「引きつける力」と考えられる。右の例で説明することは難しいが、ナイ氏によるスマート・パワー戦略とは、強制型のハード・パワーと魅力吸引型のソフト・パワーが相互補完的に最大限の効果としてのスマート・パワーを生み出すことである。互いの効果を打ち消すことではない。

益々、英語の話しから離れてしまうが、ソフト・パワーとハード・パワーに関して、ナイ氏は日本人にとっても非常に理解し易い身近な例をもって解説しているので、それを紹介したい。ある学校の校長が十代の生徒に喫煙をさせたくない場合というケースを例にとり、次のように二つの異なるパワーがあることを明確に示している。

ハード・パワーの行使例
・罰金を課すか退学処分にすると脅かす
・たばこの自動販売機を禁止する
・たばこを吸う違反者は嫌われると脅かす

ソフト・パワーの行使例（傍線は筆者による）
・生徒の好みを変えさせるよう説得をする。
・たばこの発がん性などの公共広告を用いて、喫煙は良くないという環境をつくる。
・生徒が自主的に禁煙を約束させるような話し合いの場を設ける。

これが生徒に喫煙を止めさせるための、ナイ氏自身によるパワー理論の適用の例である。異なる二つのパワーを用いることにより相互作用により効果的なスマート・パワーが生まれる、という分かり易い解説である。そして、それは学校にとってのプラスの効果であることを示している。

第三節　パワー・バランス理論

第四節　スマート・パワーとしての英語力

英語力に関して、本来のジョセフ・ナイの意図することを素直に適用するのであれば、英語公用語論のような国家としての制度としての英語力の強化をハード・パワーとし、一方、強制的ではなく自発的に身につけた英語力が、何らかの形をもって日本国の文化の発展に貢献するようなパワーをソフト・パワーとするであろう。ここでは、そういった分類とは全く異質の分析を試みたい。

ジョセフ・ナイの理論を本書独自の分析法をもって英語教育に適用させたい、という思いに駆られたのは、彼の次の説である（傍線は筆者による）。

ハード・パワーとソフト・パワーは、互いを強めあうこともあれば、弱めあうこともあるため、それぞれの状況下でどのような相互作用があるかを見極めるには、すぐれた状況把握型知性が重要である。

（『スマート・パワー』山岡洋一、藤島京子訳、二〇一一年）

この部分を読んだ時に、日本における英語学習におけるパワー・バランスが非常に乱れていることに気づいた。バランスの乱れにより、結果としてスマート・パワーとしての英語力が身につかない。ナイ氏の理論をもって、このバランスの悪さを確認し、かつ調整を試みることで、日本における英語教育に何らかの貢献ができるという感覚を得た。私自身、日本で英語教育を受けた。その頃の自分自身と、当時の仲間のことを思い出し、そして社会人となった今、周囲の人々（老若男女）を観察すると、学校教育において英語が得意だったか不得意だったかにかかわらず、英語が話せるようになりたい、という憧れが、かなり強い。スマート・パワーとしての英語力を身につけるには、次の①②が示すような異種のパワーが相互に働きかける必要がある。しかし、どうも一般に関心が②のほうに片寄ってしまっている感がある。

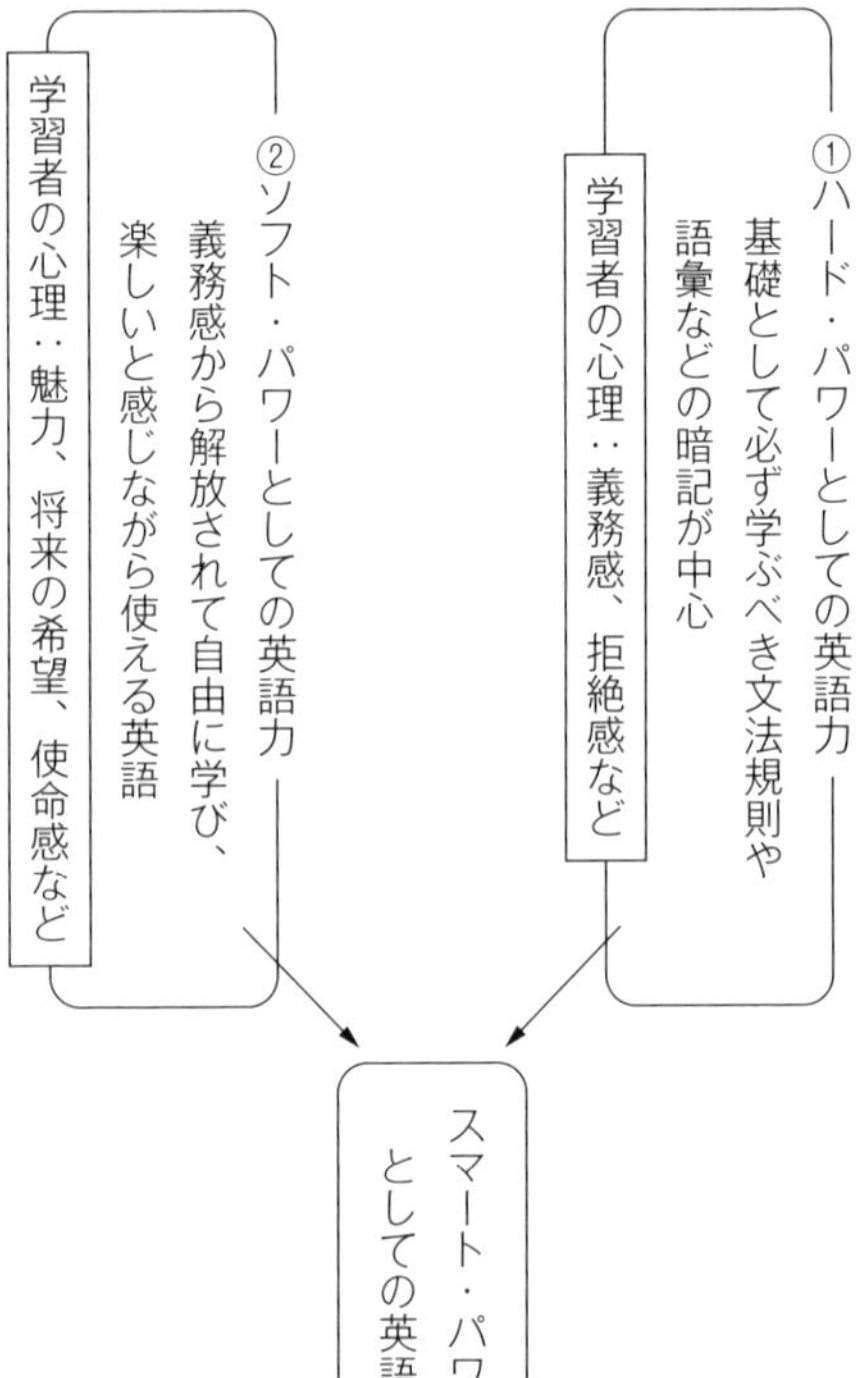

基礎として必ず学ぶべき文法規則や語彙などの暗記が中心
学習者の心理：義務感、拒絶感など

義務感から解放されて自由に学び、楽しいと感じながら使える英語
学習者の心理：魅力、将来の希望、使命感など

日本における英語学習者に見られる傾向は、学校教育の英語は文法規則や単語の詰め込みばかりで面倒くさい。②が示すような「英語を自由に使いこなしたい」という憧れはあるものの、①における学習意欲は萎縮する傾向にある。つまり①と②のバランスが非常に悪い。敢えて誇張した表現をするなら、①において義務的に学ぶことに対しての情熱が空洞化して、②の雲をつかむ

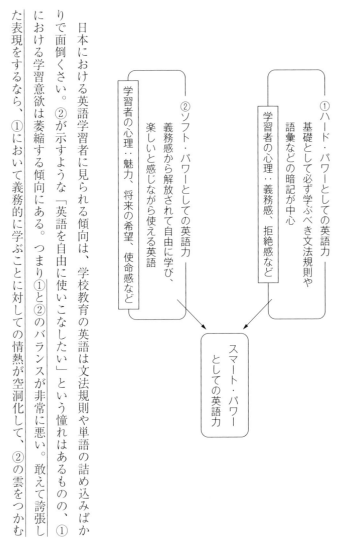

ような憧れが肥大化してしまっている傾向にある。ナイ氏が言うところのハード・パワーとソフト・パワーが互いに強め合うという状況ではない。

例えば洋画を見て英語に憧れる。身近にいる帰国生が話している姿が非常にかっこよく見えて、英語への憧れが増大する。しかし、その一方でコツコツと単語を暗記し、退屈な文法規則を学んでいる自分の現実の姿がある。そのギャップの大きさに憧れまでも萎縮してしまう。

このようにハード・パワーとソフト・パワーが相互に弱め合ってしまうような傾向がある。同じ英語という対象であっても、華やかに英語を使いこなしている世界と、コツコツと文法規則や単語を暗記している自分の世界は全く異なる世界であると感じてしまう。このような心境になってしまうと、真の英語力と呼べるようなスマート・パワーが育ち難い。

英語を「母語として習得」するのではなく、「外国語として学ぶ」以上、どんなに面倒であっても、少なくとも基本的な文法規則を学び、面倒でも頻出する単語やイディオムを覚える地道な努力が必要である。教養ある人間として国際的に活躍する夢があるのであれば、この地味な努力を通り越して、表層的な憧れのみ抱いていたのでは、目的は達成されない。国際的な教養人にとって求められる英語力は、ハード・パワーとソフト・パワーがプラスに相互作用することで達成される能力、つまり地道な努力の結果生じる能力と、将来の夢や希望、更には使命感といった両面をもつスマート・パワーとしての根がしっかり這った外国語能力である。

これまでの解説からご想像いただけるかもしれないが、私は受験勉強を負の要因とは考えていない。これは厳しいハード・パワーによる勉強である。退屈で面倒くさくて、逃げ出したくなるような勉強である。しかし、その厳しく退屈で面倒な勉強に、将来に向けての展望としてのソフト・パワーが伴っていたとすれば、それが頼もしいスマート・パワーとしての英語力を生み出してくれることを期待できる。

水村美苗氏が『日本語が亡びるとき』（二〇〇八年）の中で「日本人の関心事は外国人に道を訊かれて英語で答えられるか否かという低レベルのものではいけない」、と皮肉めいたことを語っているが、これは正しい皮肉である。学校教育では、殆ど英語に魅力を感じられずに、拒絶感に近いものしかなかったけれど、社会人になってから、「海外旅行をより充実させたいから」とか

「アメリカ人の友達が欲しいから」などの理由で英語に憧れを抱き始める。「どうやったら、英語が上達するのでしょうか」という質問を友人や近隣の方々から受けることがよくある。老若男女、「英語が話せるようになりたい」という願望は非常に強い。「努力が伴わない怠慢な要望」という印象を受けてしまう。そして水村氏のあの皮肉めいた名言を思い出す。

この種の表層的な「憧れ」感が肥大していることを見てとり、それを教材ビジネスの対象として、「楽に身につく」、「楽しく学べる」うんぬん、「3ヵ月でマスターできる」うんぬん、という非現実的な教材が溢れている。①のハード・パワーとしての英語の文法の基礎を真剣に学ぼうとしない人々に対して、あたかも、即、英語の達人になれるかのような教材が新聞の広告欄を大きく占領している。ある広告からは、学業と娯楽が合体しているような印象すら受ける。異質のパワー（ハードとソフト）の未分化からは、到底スマート・パワーが生じることなど期待できないので要注意である。

第五節　コスモポリタニズムの必要性

コスモポリタン的世界観を抱くことが積極的に外国語を学ぶモーチベーションとなり、その帰結としてソフト・パワーとしての内発的使命感が発生する。そのためには、高次（メタ）思考的に地球を概観し、言語について考えてみる必要がある。以下、もう少し分かり易い解説を加えさせていただく。

まずコスモポリタンという用語であるが、これはギリシャ語で「世界」「宇宙」を意味するcosmoと、「市民」を意味するpoliteから成る合成語である。すべての人間が「世界の一員」であるというギリシャ哲学から発した用語である。ギリシャ哲学の思惟的理想が、まさに今、二十一世紀に具現化されつつある。グローバル時代、つまり地球規模で世界が動く現代において大切なことは、日本文化における繊細な言語空間から脱皮し、巨大な言語空間に飛び立つために必要なコスモポリタン的な世界観を開発することである。日本の外に出れば多様に変種化した英語に遭遇するはずである。言語の普及には変種化が伴ってしまう。「全く通じ合わないことも多々ある」とアジアの英語普及の実態研究の第一人者である本名信行氏も述べている（『グローバル化と言語能力』二〇一五年）。通じ合わないことがあっても、決して自身の英語力に対してマイナス意識を抱いてはいけない。この点に関する論拠は第四章と第五章で説明させていただく。

「世界の一員」としてのメンタリティを育成するために不可欠なことは、当然のことながら、まず意識を世界に向けることである。そして正しいソフト・パワーとしての英語の必要性や魅力を、自身の身で感じ取ることである。学習が目先の目標に向かっている限り、正しいソフト・パワーは決して生まれてこない。コスモポリタン的な世界観を養うことが必要である。次のような経験は私だけであろうか。中学、高校生時代に世界史や地理が大嫌いだった。人名や地名や年代の暗記など耐え難かった。英語は嫌いではなかったものの、文法規則と単語の暗記は期末試験で良い点をとりたいから、そして大学受験のためという目的だけで、当時の私にはそれを超えた高次の目的を抱くメンタリティが完全に欠如していた。昭和の時代で、グローバルという用語など、どこからも聞こえてこない時代である。あの頃の勉強を期末試験のため、大学入試のためではなく、社会人になってからの素養として学ぶ長期的展望があったなら、試験直後に、世界史でも英語でも、暗記したものの殆どが脅威のスピードで忘却のかなたに消え去ってしまうようなことはなかったと思う。目先の試験で良い成績をとる、といった近視眼的な学習からは、真のスマート・パワーは生まれないことを、身をもって体験したのである。

第六節　スマート・パワーの育成に向けて

次に述べることは、あくまでも一つの方法論の例としてであるが、例えば、中学、高校の社会科の授業の中で、言語の問題に触れることが多くなれば、生徒の意識の中で現実的な世界における言語に対する興味が自然に芽生えるのではないだろうか。例えば植民地政策時代の教育の中で、被植民国においては列強の言語を強いられたために現代でもスペイン語や英語やフランス語を公用語とする国が多く存在する、というような解説は、言語に対する意識を高める大きな助けになると思う。地理を選択して受験した学生に尋ねてみると、彼らは、高校で右のようなことをしっかりと学んでいる。そしてインドの公用語がヒンディー語であり、準公用語が英語であること、更に憲法で認められている州公用語があることなど、言語について、かなり広範な知識を得ている。私が高校生だった時代から比較すると、非常に有難い傾向である。このような知識を一般の社会科の教育の中に織り込むことが必要な時代になっていると思う。ＡＳＥＡＮ（東南アジア諸国連合）やＡＰＥＣ（アジア太平洋経済協力）などにおける公用語は英語であることに目を向けさせるだけでも、外国語の学習の有用性、国際性を自然に意識するようになれると思う。受験を越えた、もっともっと向こうの現実の世界を生きるために外国語が必要であることが漠然としてでも意識できるようになれば、外国語の学習に真剣に取り組みたいという熱意が自然に芽生えることが期待できる。このような世界観と言語の関連性を意識することから生じる将来への展望や希望、憧れこそが、真のソフト・パワーを生み出す助けになるのではないだろうか。退屈過ぎる文法規則や単語を暗記するという義務感に伴って、このような高次のソフト・パワーが生じてくれれば、しめたものである。教養ある人間に求められるスマート・パワーとしての正しい外国語の学習の方向性を得られる、と私は楽観する。

学問の上では、現実と同様、政治と経済は密接にリンクしており、そこに社会学が加わり、政治、経済、社会といったタイトルの学習参考書は多く目にとまる。しかし、社会科を扱う参考書であっても言語への言及は非常に少ない。グローバル時代と呼ばれるボーダーレスな時代となり言語の役割は非常に大きくなっているにもかかわらず言語への言及は、いまだ充分とは程遠い。

政治・経済・社会という分野は学際的になっており学問の上でボーダーレス化している。一方、言語に関してはまだリンクが希薄である。他の分野の教育と言語に関する教育との間のボーダーには、いまだ越えがたい壁があることを非常に残念に思う。英国のEU離脱の表明時にも言語の問題が大きく取り上げられることはなかった。英国はEUで唯一、英語を主要言語として報告している国であるにもかかわらず。

教育の現場でのみならず、そもそも、日本人は一般に言語に対する関心が希薄である。日本は、ほぼ単一言語の国家であり、言語状況は極めて単純であることが原因の一つであることは言うまでもない。敬語の用法など、かなりデリケートな言語空間で過ごしてはいるものの、それは日本国内の小さな言語空間においてのことであり、世界という大きな言語空間で言語について考えることに対しては、一般的に無頓着である。地球規模のメンタリティを培い、外国語の学習に取り組むことは言語の学習に対する意義や魅力といった力強いソフト・パワーになることが充分に考えられる。

義務感と使命感は似て非なるものである。義務感は自己の外から与えられる責任感であり、使命感は自己の中で発生する責任感である。明治時代であれば、国際社会に貢献する、という責任は政治家や外交官といった特別な地位にある人々の仕事であり、一般庶民にとっては縁遠い話であったかもしれない。しかし、二十一世紀においては、誰もがグローバルな世界の一員であるのだから、様々な形で国際社会への貢献ができるはずである。コスモポリタン的世界観を身につけ、世界の状況を高次（メタ）で考えることを試みれば、「世界市民」としての使命が内から沸いてくることが期待できる。

第七節　ノブレス・オブリージュ（noblesse oblige）

唐突ではあるが、ある学生のエピソードを綴らせていただきたい。慶應義塾大学の応援部に所属し早慶戦でも大活躍をしていた学生が、ある日、突然、応援部から姿を消した。自分のパワーを国際社会貢献に向けたいというのが、その理由であった。大学の休みの期間を利用して仲間とインドに行って、教育を受けられない恵まれない子供たちに英語を教えることに専心しているという報告を本人から受けた時に、私の脳裏に浮かんだのがノブレス・オブリージュというフランス語であった。

この用語はイギリスに渡り、フランスからの外来語という形でイギリスの教育、特にエリート教育を象徴するパブリック・スクールと、その生徒たちが目指すケンブリッジ大学とオックスフォード大学の教育理念の中核となった。パブリック・スクールの最高峰に君臨するイートン校（注1）（一四四〇年創立）は多くの首相を育てたことでも知られている。Noblesse は英語では noble、つまり「高貴な」、「恵まれている」というようなことを意味し、oblige は英語では obligation、つまり「責任」「義務」を意味する。恵まれた環境にある人間は、それを享受するのみでなく、与えられた恵みを社会に還元し、社会に貢献する責任がある、ということを意味するこのノブレス・オブリージュこそが、二十一世紀、二十二世紀に求められる国際教養人の念頭に置くべき理念であると私は考えている。敢えて、流行しているグローバルという語を利用して「グローバル・エリート」という表現をもって、これからのエリート教育を考えていく必要があると考えている。また、学歴にかかわらず「高貴な心をもった人」（注2）には、是非、このノブレス・オブリージュという概念を心に置いていただきたい。

本書で言う「グローバル・エリート」の定義は、このノブレス・オブリージュを理解し、使命感と優しさをもって他者の考え、とりわけ異なる文化を背景にもつ人々の考えや価値観、理想などを理解しようと努力できる人のことである。そして豊富な知識と理性をもって発言し行動できる人のことである。私はこの我流の定義によるグローバル・エリートを育てることを天職と考え教育に携わっている。

本名信行氏の次の言葉に感銘を受ける。

日本のNGO（非政府組織）のグループで、ベトナム、カンボジア、ラオスなどで、現地で子供たちに英語を教えている日本人ボランティアがいる。教科書、ノート、筆記用具すら充分にない状況でも、子供たちは学習意欲が旺盛で、教えるものを片っ端から飲み込んでしまうそうである。私たちがアジア諸国の英語コミュニケーションの発展に積極的に協力する道はいろいろあるに違いない。

（『事典　アジアの最新英語事情』二〇〇二年）

心打たれる話である。

日本における英語教育の話に戻る。英語が堪能であることへの憧れが、単に流暢に聞こえる英語のカッコ良さに対する憧れであるとすると、それは非常に表層的で低レベルなものである。大切なことは、たどたどしい英語でも充分であるという認識である。たどたどしい英語をもって海外に渡り、教育を受けられない境遇の子供たちに英語を教えている若者たちがいることを知っていただきたい思いでノブレス・オブリージュの概念と身近な実例を紹介させていただいた次第である。「憧れ」が「使命感」に移行することを願ってのことである。

【注】

（1）エリート教育の代名詞的存在のイートン校はテムズ川のほとりに位置し、一四四〇年にヘンリー六世により創設された。ケンブリッジ大学のキングス・コレッジと兄弟校となり、イートン校からケンブリッジ大学へというエリートの流れが創られた。

二〇〇六年に創立した愛知県の海陽学園は、中高一貫の全寮制の学校でイートン校をモデルにしている。慶應義塾大学商学部の卒業生が、海陽学園にて英語の教諭として勤務している。彼から「英国と日本のエリート教育のあるべき姿の相違に関心を抱き、両者の調和による最良の教育効果を生み出すことをテーマに研究を進めたい」という報告を受け、大変に頼もしく期待している。

（2）「エリート」とは決して学歴偏重を意味するものではない。もっと高次の概念である。大学に行かなくともエリートになることは可能であると思うし、そうあって欲しい。

第三章

英語が身につかない原因の究明　その2
ドクサからの解放

第一節　日本語に関する見識の浅さの自覚

まず、ごく基本的なことを認識しなければならない。それは何かというと、日本人は英語が不得意なのではなく、言語を使うことが不得意なのである。実は、日本人は日本語も、かなり不得意なのであるが、それを自覚しなくてすんでしまうほど、日本の社会では言語（日本語）に依存しない生活を営んでいるのである。言葉少なくしている方が、平和が保てるといった意識すらある。日本人であれば、当然、日本語は理解できるし、読み書きで苦労することはない、というドクサから解放されなければ外国語の習得も困難である。

ドクサという用語はギリシャ哲学の用語であるが、ロラン・バルトを始めとする多くの学者により、それぞれ異なった使われ方をしている定義が非常に難しい用語である。本書では、OECD教育研究革新センターが編集・出版している『グローバル化と言語能力』（二〇一五年）における定義に従って論を進めていきたい。その定義というのは以下の通りである。

ドクサとは、特定の社会で文化的に決定されている特徴であるにも拘わらず、その文化への依存性に気がつかずに、当然のことと思われているすべてのことを指す

　このドクサに関して、右の『グローバル化と言語能力』の中で主張されていることは、ある文化のドクサが外国語教育に、どのような影響を与えているかを詳細に調査することの必要性である。これは極めて示唆に富む提言であると思う。つまり、日本においての外国語学習に関して言うと、日本人が母語である日本語に対して、如何なるドクサを抱いているか、そして、それが外国語学習に、如何なる形で影響しているかを知ることが必要であることを意味している。この提言を受けて、本書では第八章において、日本語の特徴について簡単な解説を加えているのでご参照いただきたい。

　ＯＥＣＤ教育研究革新センターの上級アナリストであるブルーノ・デル・キエザ氏は次のプラトンの言葉に言及している。

自分を取り巻くドクサをドクサと識別できないのは、無知のまま生きることであり……。

このプラトンの深い思索を真剣に考えてみると、哲学を専門としている学者たちや特殊な経験をしたような人々は別として、一般の人間の殆どが、恐らく無知のまま生涯を終えるような気がしてならない。言うまでもなく、私も、ごく一般の人間であるが、長い留学の経験から、ドクサと呼べるかもしれないことを、ほんの少し垣間見ることができた。それは、次のようなことである。間違った見識かもしれない。あくまでも、個人的な経験としてご報告させていただきたい。

留学前に私が抱いていたドクサは、

従順であり反論しないこと　＝　美徳
寡黙であること　＝　美徳

英国での生活の中で学んだことは、

従順で反論しないこと　＝　自分の意見をもっていない
寡黙であること　＝　ものごとを真剣に考えないために発言できない

この悲しい発見が幸いして、私はケンブリッジ大学のディベート部に入部した。そこで「従順で反論しない寡黙な人」という私自身の心中に宿っていた美学のようなものを、かき捨てディベートに専心し始めた。そして、その面白さにとりつかれ、現在は大学における英語ディベート教育に夢中になっている。

第二節　日本語も不得意な日本人

「日本人であれば当然、日本語ができる」という認識も一種のドクサである。日本語は母語なのだから、日常的な会話で苦労する人はいないはずである。しかし、何かテーマを与えられ、発言せよと求められると、伝えたいことが、はっきりと脳裏にあったとしても、的確な日本語の語彙や構文が、すぐには出て来ない。

唐突であるが、夏目漱石の名文に触れたい。漱石の『我輩は猫である』には、他の作品同様、多くの漱石哲学が織り込まれていることはご承知の通りである。その中でも次の文は特に印象に残っており、何度読み返しても心打たれる。

のんきと見える人々も、心の底をたたいてみると、

どこか悲しい音がする。

漱石の名文をパロディにすることは不謹慎であることを承知で、あえてこの文を利用させていただき、英語が堪能な日本人について、次のようなことを考えてみた。

英語が得意な人々の、心の底をたたいてみると、

どこか美しい日本語の音がする。

ここで私が主張したいことは、教養ある人の英語力の背景には母語の知識がしっかりとあり、それが外国語学習の支えとなっているということである。明治時代の文部大臣である森有礼（一八四七～一八八九）が一八七三年に英語公用語論を提案したことは第一章で触れた。彼が英語が堪能なことは、この提案からも察することができるが、実は森文部大臣は非常に美しい日本語

を綴る名文家であったことは、当時の人々には広く知られていた。

夏目漱石や森有礼の例を見た後に、言語の能力に関して逆の方向から捉えるならば、日本人が何年も何年も英語学習に取り組んでも、英語が書けない、話せないという悲しい現象の背景には、母語に対する意識の低さ、運用能力や知識の欠如という大きな問題が横たわっている、ということになる。

外国語が不得意であることの深刻な原因が、実は母語への関心の低さであることは、これまでに論じられることがなかった、まさに盲点である。外国語が不得意という嘆きは、多々耳にする。しかし、母語である日本語に関しては、「漢字が書けなくなった」という種の悩みは聞くが、「日本語が不得意だ」という悩みを聞くことはない。日本で生まれ育った者として、日本語ができるのは当然のこととして疑うことをしない。このドクサが大きな落とし穴なのである。

第三節　言語への依存度の低さ

読者の皆さんには、こんな経験はないだろうか。私には頻繁に起こることである。家族内でもよい、職場でもよい、自分の考えや理念のようなことを、相手に伝えたい、理解して欲しい、そんな時に、的確な表現、的確な語彙が出て来なくてもどかしい。とりあえずの述べ方しかできずに、後になって、「ああ、こういう言い方をするべきだったなあ」と後悔する。特に反論する時などは、つい感情的な表現を使ってしまい後悔する。もっともっと客観的、かつ冷静な表現があったはず、と後悔する。とりわけ日本の社会では反論は避けることが望ましいという気風があるので、反論によって相手を傷つけるのみならず、反論してしまったことで自分も傷ついていることに気がつくことなどもある。

多くの日本人は自分の考えを述べる訓練をする機会を充分に与えられないまま、社会人となり、そして、社会においては言葉少なく黙々と仕事をして、他者の考えに反論することなく、「ごもっともです」「その通りです」と言っていれば平和な人間関係を維持できる、という風潮がある。最近は企業において社員の個性を重んじ、積極的に意見を述べさせる企業文化が浸透してきているということを、幾人かの卒業生から聞かされたことがある。これは非常に良い傾向である。しかし、まだまだ、日本の社会は「おっしゃる通りです」派であった方が安泰という側面を有している印象を受ける。自己の考えや理念を母語である日本語ですら、しっかりと言語化する訓練をしないまま、社会に出てしまっても、それで、なんとなく通用してしまう。そして、そのまま生涯を送るといった人が、案外多いのではないだろうか。

言語の役割や機能は国により、民族により、また同じ国内でも地域により異なる。多民族が共存している国々、多言語が共存している国々と比較すると、日本においては言語に対する依存度は極めて低い。つまり、言葉なくして理解し合えるという認識の下で生活している。空気に浮遊している、なにがしかの共通項のようなものを模索し、それを頼りながら会話を進める、といった一面はないだろうか。言葉は、むしろ平和を乱すもの、という「悪者」扱いをされてしまうことすらある。言語に依存しない平和な人間関係の構築を理想とし、自己の考えを母語で表出する訓練が充分になされていない国民が、外国語でそれを試みることは非常に困難なことである。

第四節　母語獲得と外国語習得

外国語を身につける第一歩は、まず母語である日本語による表現能力を高める訓練をすることである。母語であっても堪能な使い手になるためには努力が必要なのである。現行の英語教育において何が欠けているのかを分析的に考え、何が求められているのかを掘り下げて考えることが重要であることは繰り返し述べてきた。掘り下げて考えてみると、そこに見えてくるのが母語の表現力の低さ、母語に対する意識の希薄さという問題である。外国語を使えるレベルにまでもっていくためには、まず母語で語り合える能力が基礎となる。「急がば回れ」の精神が求められる。性急な英語強化案は危険であり、ともすれば、失うものが多いかもしれない。

言語の「自然な獲得」と「努力が伴う学習」との相違は何であるか考えてみよう。幼児の母語獲得は、歩くようになれる過程と類似しており、意識的な努力を伴う学習とは異なる。日本人にとっての母語の「自然な獲得」と母語の「努力が伴う学習」、そして「外国語の学習」については、見逃されがちな大切な順序がある。次の通りである。

（一）日本語の獲得

生後、母語としての日本語を理解するようになる。使えるようになる。
歩けるようになるのと同様、意識的な努力なくして自然に身につけられる。

←

（二）日本語の学習

日本語の文法のしくみや、日本語に特有の表現の特徴や傾向を学ぶ。
母語である日本語の表現能力を向上させるには努力が求められる。
練習も必要である。

←

（三）外国語の学習

（二）の経験を経た上で、母語との本質的な相違や類似を意識しながら
学習に取り組む。努力と練習に加え勇気が求められる。

母語と外国語は「言語」という枠の中で連動している。母語の運用能力がしっかりと根づいて、初めて外国語学習の成果が期待できる。右の（二）が根づかないまま、これを飛び越して（三）の外国語学習に精を出したところで、外国語に成果が上がらないのみならず、母語の本質的な特徴をも理解できない根なし草のような人間になってしまう。母語の特徴を充分に理解してこそ、外国語学習が「自己の拡大」に繋がるのである。

第五節　イギリスにおける国語教育（注1）

イギリスに留学中、イギリスの小学生たちが彼らの母語である英語で、きちんと考えを述べる練習をしていることを実感した出来事がある。それはマーガレット・サッチャー氏（一九二五〜二〇一三）が一九七九年から一九九〇年の十一年間にわたる首相の座を引退する時のことである。新聞もテレビのニュースの報道もサッチャー氏の引退のことで騒然としていた。あるテレビ局が小学生にマイクを向けてインタビューをした時には、いかにも子供らしい意見を聞かされた。

「毎日、テレビで見ている人を見られなくなるのは残念だ」、「両親が悲しいと言っているので、私も悲しい」、「まだ、元気に見えるので、もっと続けて欲しい」など、政治には無関係な、いかにも子供らしい意見ばかりではあった。しかし、私が驚いたことは、マイクを向けられても決して逃げずに、きちんと意見を述べたことである。

　子供たちが正々堂々、意見を述べる姿に感心すると同時に、日本の小学校の教育とは根本的に異質の教育を受けていることを漠然とではあるが想像できた。その後、山本麻子氏が執筆した『ことばを鍛えるイギリスの学校――国語教育で何が出来るか』（二〇一二年）を読んで、留学中にテレビで確認した小学生の正々堂々とした姿の背景にある教育について学ぶことができた。イギリスの初等教育では、母語である英語で次のような練習がなされているとのことである（要約と傍線は筆者による）。

・読書をした時には、独自の感想を述べさせる。
・他の生徒の意見も注意深く聞き、理解する努力をする。
・自分とは異なる意見もあることを学び、自分の意見を修正することも学ぶ。

・話し合いやディベートを積極的に行う。
・調査する、計画する、説明する、評価するなどを実施する。

決してすべての学校においてとは言えないかもしれないが、イギリスでは子供たちが、このようにして母語である英語で的確な表現ができるような教育を受けている。意見を言わずに黙っていることは、考えていないことと見なされるそうである。これは非常に興味深い点である。なぜならば、日本の文化においては、一般に黙っていることは、了解と同意の代行をしてくれる便利な手段であるからである。

イギリスにおいては小学校から大学教育に至るまで母語によるディベートは欠かせない知的訓練である。日本では、いまだにディベートを口論と同一視している人が少なくない。先日、某英字新聞社のスタッフと会談した際、「先生のような温厚な方がディベートを教えていらっしゃるとは信じ難いです」と言われた時には唖然とした。明らかにディベートと口論を混同している。ディベートとは冷静な意見の交換である。新聞社に勤務する人が、この程度の認識しかないことに失望した。しかし文部科学省が発表した二〇二〇年からの小・中・高の英語の指導要領の案の中核を成すアクティブ・ラーニング（ＡＬ）の中に、英語の授業に討論を加えるという項目があり、大いに期待している。ＡＬという用語は確か二〇一二年頃から使われていたと記憶しているが、それが実施されることが現実化してきている。討論、ディベートといった思考訓練が日本の社会に浸透し、右のような愚かしい発言を耳にしないですむ時代は、そう遠くはないと楽観している。

文部科学省は討論とディベートの双方を案の中に入れている。討論とは個々に意見を述べ話し合いをすることであり、英語のディスカッションに近い。一方ディベートは、与えられたテーマに対し、いくつかの異なる意見のチームに分かれ（賛否の二チームが一般的）、相手を論破することを目標とする「言葉と思考の訓練」である。ディベートの語源は古期フランス語で「打ち負かす」という格闘技などで用いられるスポーツ用語であった。つまり、ディベートとは言葉と知識を使ってのスポーツということになる。日本におけるスポーツの早慶戦と同様、英国にはディベート（言葉と思考の競技）のケンブリッジ・オックスフォード戦というのがあり、これはスポーツ観戦と同種の醍醐味がある。

ディベートに関して少し補足させていただきたい。右のように勝つことを目指す競技ディベートもあれば、教室内で賛否の意見を交換する練習としてのディベートもある。共通しているのは相手の意見をしっかりと把握することが基本となる点である。そしてこれは、ひいては協調の精神につながる重要な訓練になる。

昭和時代の教育の世界では「独創性」と「協調性」のどちらを尊重するべきか、といったナンセンスな問題提起もあったが、既に周知されているように、この二つは決して相反する素性ではない。ディベートをすることによって、独創的な意見を構築させる一方で、チームの仲間のみならず、対立するメンバーにも協調の気持ちが生まれることは、実際にディベートの授業を履修している学生たちの姿から、鮮明に読み取ることが出来る。

第六節　日本で学ぶ留学生の姿勢

イギリスのみならず、アジア諸国においても「独自の意見を述べる」スキルは重視されている。私は現在、留学生に日本語を教える教育にも携わっている。殆どがアジアからの留学生である。彼らは自国の教育で、彼らの母語によって自己表現や議論の訓練を受けている学生たち、つまり、積極的に意見を述べる訓練ができている学生たちである。彼らの日本語の表現力には驚くべきものがある。彼らに、あるテーマを与えて小論文を書く練習をすると、若干の不自然さと、「てにをは」の用法の誤りなどはあるものの、彼らの考えの深さと独創性、そして、その表現力と的確な語彙の選択には感動を覚えるほどである。日本語の学習暦が三年に満たない学生でも見事な日本語で小論文を書き、また意見を述べる。日本語を母語とする私が気がつかないような視点から叡智に満ちた小論文を日本語で書いてくれる。

アジアからの学生のみならず、ルクセンブルグから来ている理工学部の学生が学期の始めにA4版にいっぱいになるくらいの分量の日本語で、彼の経歴や私の授業に期待することなどをメールで送ってきてくれた。文法的なミスが皆無であるばかりでなく、敬語の使い方まで完璧であった。彼の口頭でのコミュニケーションに関しても同じことが言える。このように海外からの留学生が見事な日本語で意見を述べ、研究発表をしてくれる。頭が下がると同時に、私自身、学生時代に自分の母語で語り、母語で考えを述べる練習を如何に怠っていたか、留学生の日本語を聴いて再確認する思いなのである。彼らの外国語（ここでは日本語）の学習に対しての姿勢からは、日本の学生が英語学習において見せるような緊張や、必要以上な「構え」のようなものは見受けられない。彼らは、授業中に積極的に意見を述べる。明らかな文法ミスがあれば、教員の責任として正す。それを続けることによって、やがて彼らは自分の文法ミスに対して自己修正し、自分から言い直すことができるようになる。

本章の論旨からは逸脱する余談になってしまうが、留学生の教育に触れた折に、私が日頃、反論したい見解に言及させていただくことにする。日本における英語の学習熱に反発するかのように、英語ではなく日本語を世界に広めようという主旨の書が少しずつ増えている。世界の多くの国で日本語の学習者が増えている事実は真に喜ばしいことで、何ら反論する気持ちはない。しかし、時折、理解するのが困難な提言に閉口する。「日本語を話すと、その人の雰囲気まで日本人のように優しくなり、思いやりのある人間に変化する」と主張し、それを根拠に日本語の普及を支持している。アカデミックな論拠の希薄な提言である。これは、限られた人々、特に余裕のある層の人々の例であって、一般論としては成立しない。地球上には、食べ物の奪い合いをしなければ生きていかれないような貧しい国が、まだまだ多く存在している。そういう国の人々に日本語を教えれば、奪い合いをしないようになる、とでも言うのだろうか。世界には言語が解決できる範囲を、はるかに超えた多くの深刻な問題が残っている。

議論をすることが奨励される国から来ている留学生が日本語を学ぶことで、日本人のように振る舞うようになり、議論をしない、他者の意見に反論しなくなる、そういうことが起きた場合、それは喜ばしいことなのか。否。これは真に残念なことなのである。私は留学生が日本語を学ぶことで、日本人のような振る舞いをするようになることなど全く望んでいない。彼らには自分たちの言語と、生まれ育った文化の中で身につけた自国の習慣や生きる姿勢を誇りとし、それを維持して欲しい。その上で、外国語としての日本語の能力を身につけた教養人となって欲しい。日本語を学び、日本人の考え方を理解するよう努力し、客観的、かつ冷静に自国と日本を比較できるような教養ある人間に育って欲しい。このような教養人としてのあり方は、外国語を学ぶ日本の学生に対しても同じ願いを抱いている。

少し脱線したが、日本人にとって母語である日本語で自分の意志を伝え、建設的な人間関係を構築するには、まずドクサに目覚め、そのドクサに依存することなく、説得力のある言語表現ができるような意識的な努力が必要であること、それが本章の論旨である。日本の社会においては、母語である日本語でさえも話し合いのスキルは極めて低いことを認識するべきである。外国語学習以前の問題として、母語によって知的な文章を書けるようになること、冷静な談話、議論ができることの重要性に目覚めることが必要である。この極めて重要な課題を再認識する時なのである。グローバル時代とは、「我が文化を客観的な多視眼性をもって見つめ直す時代」でもあると私は考える。

【注】

（1） 山本麻子氏の書名に合わせて、本章でのみ「英国」ではなく「イギリス」という国名を使っている。英国は、ロンドンのあるイングランドと、スコットランド、ウェールズ、北アイルランドから成る国家である。場合によっては、「イギリス」をイングランド地方だけを指す使い方もするので、本書では「英国」という国名を使っている。

第四章

たった一つの鉄則

第一節　日本人らしさを誇りとする

第二章と第三章で真の英語力を身につけるために参考にしていただきたい二つの項目を挙げ、ジョセフ・ナイの経済学の理論まで持ち込んでの解説を試みた。この二項目（内発的使命感とドクサからの解放）を念頭においていただいた上で、今度は理論から離れ、外国語学習者にありがちな心理に目を向け、必ず守っていただきたいという願いから次の一行を「鉄則」と銘打つことにした。

間違った「カッコ良さ」に憧れない

ぺらぺら、という擬態語がいつ、どこで誰が使い始めたのかは定かではないが、外国語をぺらぺらと流暢に話しているのは、聞いていて見ていて痛快で、そしてカッコ良い。しかし、ぺらぺらは決して「カッコ良さ」の必要な条件でもなければ、ましてや充分な条件ではない。

言語を考察する際、次の二つの異なるレベルでの判断が必要である。

- 文法的に正しいか否か
- 表現として自然であるか否か

前者を扱う分野を理論言語学では統語論といい、正誤が問題となる。後者は語用論といい、容認可能性が問題となる（発話に関しては音声の問題が関わる。これは第五章にて説明したい）。外国語としての英語教育を、しっかりと受けた者は、文法的に誤りの少ない文を書く、もしくは話す。しかし、あくまでも外国語であるので、どことなく不自然である。

私が英国で博士論文を作成するために、日本から、当時最も広く使われていた大きな英和辞典をもっていった。Ａ４版の大きさで、ぶ厚いもので、これさえあれば、と頼りにしていた。ところが、この辞書の中の英語の例文に目を通した英国人の友人の誰もが同じことを言った。「古めかしい（archaic）例文が多い。今はこんな言い方はしない。」要するに、この一流の辞書の例文は文学などからもってきているせいだと思うが、日常「自然に」用いる表現ではないのである。

自分の仲間を含め、日本中の多くの英語学習者が、「正しいけれど、不自然な」表現を必死で身につける努力を日夜していることを、その時に知って愕然とした。愕然とはしたけれど、失望はしなかった。正しいのだから、いいではないか。それが私の強気な反応であった。むしろ、自然に聞こえる、ぺらぺら、だけれど、よく聴いていると、もしくは読んでみると、文法的な誤りばかりであったら、これは「カッコ良い」とはほど遠い。ましてや、ぺらぺらと話している内容が、くだらないものであれば、幻滅である（何をもって「くだらない」とするかは多分に主観的な判断ではあるが）。

母語として獲得した言語と異なり、外国語であるのだから不自然さがあって当たり前なのである。大切なことは以下の点である。

● 基本的な文法規則を違反していなければ不自然さがあっても良い。

● 話している内容が、豊富な知識と良識に基づく、知性を感じさせるものであるのなら、それが真の教養人の、真の「カッコ良さ」である。

日本に滞在している外国人が、たどたどしい日本語で、仮に次のような発言をしたとする。

　東北の地震のニュースは私をとても心配させました。

　私はとても悲しいです。

文法的な誤りは皆無である。完璧に正しい日本語である。ただ、日本人は多くの他動詞（ここでは「心配させる」）に無生物主語を置くことを好まない。それゆえ、「地震のニュース」という無生物を主語としている文は、日本人の耳には非常に不自然に響く。また、この文では「私を」と話者を目的語においている。このように「私」を目的語の位置において客我（注1）とする用法も日本語で好まれる表現ではない。二番目の文に関しては、話者の心情を表出する形容詞、悲しい、寂しい、羨ましい、などを用いる際、「私」を主語として敢えて明示しないのが日本語の傾向である。従って「私はとても悲しいです」も文法的には完璧であるが、不自然な日本語と言わざるを得ない。たった二つの文の中に、不自然な表現が三つある。しかし、この種の不自然さを耳にした日本語を母語とする者が、仮にこの不自然さを馬鹿にしたり、蔑視したりするのであれば、その人の方が恥ずべきことなのである。

冒頭で触れた「ぺらぺら」の問題に戻るが、大切なのは「ぺらぺら」流ではない。たどたどしくても、不自然さがあっても、学校で学んだ規範に、完璧ではなくとも、できる限り違反しないような文をもって発言すること（もしくは書くこと）である。そして知性を感じさせる内容であることが望まれる。

第二節　基本的な文法の大切さ

シンガポールの「良い英語を話そう運動」における首相の次の言葉を、もう一度思い出していただきたい。

よい英語を話すというのは、美辞麗句や気取った表現を使うことではなく、またアメリカ人のようにアメリカ英語を話すことでもない。（略）なるべく規範的な文法で完全な文を話すだけのことである。

（『多民族社会の言語政治学』二〇〇六年）

なぜ、シンガポールにおいて、このような運動が必要であったかは、既に解説させていただいているが、シンガポールには四つの公用語がある。中国語、マレー語、タミル語、そして英語である。英語だけが、それを母語とする民族がシンガポールには存在していない。従って、民族の伝統や文化を内在させる他の三つの言語とは異なり、使い勝手の良さが優先されてしまう。そして、それぞれの民族の言語との混成が生じ、規範に則った英語とは、かけ離れていってしまう傾向にある。それを懸念しての首相の警告であった。

日本はアジアの中で別格である。大学の教職課程で資格を取得した教師が生徒に、しっかりとした文法規則を教える。文部科学省が二〇一六年八月に発表した英語の指導要領の案の中に、小学五、六年生の授業では「楽しい」を返上して英語を正式な教科として教える、という項目がある。本書流に換言すれば、「楽しい」というソフト・パワーを小学校の低学年で済ませておいて、五、六年生からはハード・パワーとしての英語力（文法規則の学習）を強化する方向に切り替える、という案である。小学校に英語教育を導入することには懐疑的であった私が、この発表を目にして大きな安堵を得ている。

規範に則った基本的な文法の重要性を強調したが、敢えて以下のことを加えさせていただく。外国語には日本語にはない文法概念が多く存在する。例えば、複数・単数の語形、女性名詞・男性名詞の区別、いろいろな品詞の格変化など枚挙にいとまがない。努力して学習するべき言語の側面が多々ある。「できる限り」正しい文法規則に則った学習に力を入れて地道に努力するしかない。敢えて「できる限り」と言うのは、完璧な習得は無理であると考えるからである。私は英語の例しか挙げることができないが、例えば日本語にはない文法概念のひとつに冠詞（a,an,the,0）の問題がある。これは、あくまでも私の個人的な所見であるが、冠詞の誤用は許されるべきであると考えている。なぜならば、冠詞は英語を母語とする人々でも判断が困難なケースがかなりある。私は留学中に書いた論文の査読を複数の英語を母語とする英国人に依頼したことがある。冠詞の修正に関しては実にまちまちであった。冠詞の完璧な用法を身につけることは、英語を母語としない者にとっては到底、叶わぬ夢であることを痛感した経験であった。

母語の場合は、子供が歩けるようになるのと同じ原理で自然に身につく。生活の中で努力が伴う学習をすることなく、徐々に多様な表現を使えるようになる。しかし、外国語の学習はそれとは異なる。意識的な努力が必要であり、また努力しても右で示した冠詞の例のような、いわゆる

「叶わぬ夢」は避けては通れない。大切なことは、これを個人の限界と悲観するのではなく、言語の限界と解釈することである。自己の言語能力に否定的な評価を与える要因にするべきではない。

言語の限界に関しての顕著な例として発音の問題もある。理論言語学においては「音声学」という分野で研究されている発音については次の章で考えてみたい。

【注】

（1）客我という発想はG・H・ミード『精神・自我・社会』稲葉三男他訳、青木書店　一九七三年によるもので、複数の分野の学術書、論文などで引用される概念である。ミードは受動的な自己のことを客我（me）と呼び、客我に働きかける能動的な自我を主我（I）と呼んだ。

第五章

発音の神秘

第一節　貴重な体験

ケンブリッジ大学の音声学の講師の先生の研究に衝撃を受けたことがある。私が学生時代、つまり大昔のことなので講師の名は覚えていないが、彼女はアフリカ言語の音声の研究を専門とする学者であった。口腔や咽喉などの、どの部分を、どのように利用すればアフリカ原住民の言語音を出すことができるかを研究し、また実際に厳しい訓練をして、その成果として様々な言語音を授業において披露してくれた。

あの時の衝撃は今でも忘れない。まるで鳥のさえずりのような音、あたかも喉にカスタネットを埋め込んだのではないかと思わせるようなカツカツという音、木の枝をすり合わせた時に出るような音、キツツキが木をつつくような音、などなど。学生の誰もが自分たちの耳を疑った。教室のどこかに、特殊な音を出す音声装置が置かれているのでは、と教室を見回す学生も幾人かいた。恥ずかしながら、私も、そういう邪推に駆られた学生の一人であった。教室内を見回してしまった。私は当時、大学内では一〇〇パーセント英語で暮らしていたが、感動する時には母語に戻る。あの時に私が発した日本語は「神秘的」、その一言であった。

あれは奇跡の言語音であった。ここで言及しなければならない人物は、アメリカの理論言語学者であり、統語論（文法理論）において二十世紀の半ばに革命的な理論を発表したノーム・チョムスキー（一九二八〜）である。彼の「言語生得説」や「普遍文法」という概念は理論言語学という分野において革命と呼んで過言ではない画期的な理論であった。

チョムスキー理論の中核をなす言語の普遍性とは、人間は誰しも、つまり日本人であってもアメリカ人であっても、アフリカ人であっても、すべて、どの言語でも自然に使えるようになる言語獲得装置（LAD=Language Acquisition Device）を生得的に内蔵している。生後、その装置に母語のスイッチが入り、その言語を自然に話せるようになる。誰からも教わることなく歩けるようになるのと同じ原理である。簡単に言ってしまうと、そういうことである。

チョムスキーの専門は統語論（文法理論）であったが、音声学者によって、彼の理論は音声にも適用されている。例えば、日本語を母語とする人間のＬＡＤには、Ｒの音もＬの音も生得的に備わっている。生後、母語を獲得し、使われないR音は退化してしまう。そういう考え方である。

地球上の数千もの言語に普遍性があること、そして言語能力は生得的に備わっている、というチョムスキー理論には懐疑的であった私が、彼の説に対しての考え方を変える機会を与えてくれたのが、ケンブリッジ大学の、あの音声学の授業であった。英語を母語とする英国人にとっては、完全に退化してしまっている、英語には不必要な言語音を研究し、並々ならぬ練習が伴えば、その発音が可能になることが証明された。彼女自身はチョムスキーに言及することはなかったが、私にとっては、この音声学者の研究はチョムスキーの提言するLAD、つまり言語獲得装置は、すべての人間に普遍的に備わっており、如何なる言語のスイッチが入っても母語となり得るという理論の信ぴょう性を再検討する機会となった。

第二節　発音に関する提言

少し理論言語学に触れさせていただいたところで、この機会に次の三項目の提言をさせていただきたい。

（一）外国語の発音に関しては、どうしても発音できない音があった場合には、当然、厳しい練習が望まれる。しかし、その一方、その発音の困難は、「個人の能力の限界」ではなく、「言語の限界」と理解することも必要である。

（二）幼児期から英語を母語とする教師に学ぶことに関する効果や問題点については、外国語教育を専門とする教育学者のご判断にゆだねたい。ただ、ここで言えることは、早期に英語を母語とする教師に接すれば、日本語の音体系にない音も自然に出せるようになる可能性が高い。しかし、発音が良いことが、国際人としての資質を上げることに繋がるのだろうか。少なくとも英語に関しての私の答えは否である。日本人にとっては、退化してしまっているRの発音ができなくても、決して英語の苦手意識をもってはならない。日本国民がグローバルに活躍すれば、当然、世界に日本人の英語の特徴が周知されるであろう。それくらい強気になって良いと思う。

アジアでは英語が公用語になっているケースが多い。彼らの英語は流暢であるが、発音に関しては、相当に母語の干渉を受けている。この事実はテレビの報道などから、読者の皆さんも察しておられることと思う。しかし、彼らは正々堂々としている。この点を見習うべきである。

(三)『あえて英語公用語論』(二〇〇〇年)の中で船橋洋一氏は、「グローバル化する世界で日本が生き抜くには、英語を外国語として学ぶのでは、もはや追い付かず」と述べている。「外国語としては追い付かず」とは何を意味するのか。暗に、英語を母語のように習得せよ、と言っているとしか解釈できない。日本のような多言語国家でない社会において、もしくは特殊な家庭環境でない限り、生後、複数の言語のスイッチが同時に入るという事例の報告は私の知る限りない。生後、一つの言語を母語として獲得する。その後に接する言語は多言語国家でない日本においては外国語となる。その外国語の学習には努力が必要であること、そして、発音から表現における発想法に至るまで、母語の干渉が非常に大きい。この言語の構図を念頭に置くことは極めて重要である。また、外国語の場合には母語と異なり、その言語環境に「さらされる」ことで自然に体得できる、という考えは安易であり、自然に獲得できることを期待することなく地道に努力することが求められる。

第六章

社内英語公用語化は有効か

第一節　グローバル時代の企業の英語

「内発的使命感」の養成ではなく、制度として英語を公用語として強いることを決めた企業理念を私は理解できない。グローバリゼーションの意味を、はき違えた企業が日本の社会を混迷させる要因になるのではないかと憂慮している。世界のビジネスの深刻な状況を軽視した茶番のように思えてならない。

韓国には、英語に馴染む場所として英語村というのがある。また、日本の大学の中でも、英語カフェのような場所を設けて、そこでは英語しか話してはいけないという試みもある。英語教育の一環として、それはそれなりの意義があるように思う。

しかし、企業は全く異なる目的のために動いているはずである。日本人同士が英語で談話することによって、英語力を高め、英語に馴染む、それをもってグローバル化に貢献していると考えることは、あまりにも表層的であり、短絡的な甘えである。なぜ「甘え」であるかというと、グローバル時代のビジネスの世界とは、「馴染む」レベルの外国語力で進んで行かれるほど甘い世界ではないと考えるからである。

日常的に「馴れる」こととプロフェッショナルとしての「訓練を積む」こととは全く異質の経歴である。企業内の誰もが英語を使って仕事をする必要があるわけではないと思う。大切なのは、海外と交渉するような部門に英語のみならず、いくつかの外国語の達人を配置することである。しかも語学が堪能であるばかりでなく、大学や、その他の機関でディベート教育や交渉の訓練を受けた人材を登用することである。

次から次へと日本の大企業のCEO（最高経営責任者）の座から日本人が退いて、その座に就く責任者を海外から招いている。この現実すらも、グローバル時代の自然な現象という見方がなされている。私のようなビジネスの門外漢は、交代を余儀なくされるような日本人のCEOは最高経営責任者に求められる資質、とりわけ説得力や交渉力といったものを欠いているからなのではないかという疑念を抱いてしまう。ましてや外国語で交渉となると功績を上げるのは至難の業であろう。

第二節　表層的でないグローバル化

前ユネスコ事務局長の松浦晃一郎氏が著書『国際人のすすめ――世界に通用する日本人になるために』（二〇一一年）の中で繰り返し述べていることは、日本の大学教育の重要性である。自分の考えを述べる訓練が必要であり、それには大学が積極的に議論の訓練の場を提供する必要があることを強調している。松浦氏は「大学教育がカギ」として次のように述べている。

最終的には大学教育がカギを握っています。一刻も早く日本の大学教育が、国際社会で活躍できる人を養成するようになってほしいと思います。

大学教員は、このことを、しっかり心に留めるべきである。冷静に議論ができる能力を備え、説得力のある発言ができる教養高き国際社会のリーダーとなれるような若き勇士を世に送るのが大学教育の使命の一つである。松浦氏の言葉は、大学はそのための努力を惜しんではいけない、という提言である。

社内英語公用語論に戻るが、塩野七生氏が著書『日本人へ――危機からの脱出篇』（二〇一三年）の中で、「最近笑えた話」として英語公用語を進めている二つの企業を痛烈なる皮肉によって酷評しているのが話題となった。恐らく社員食堂のメニューも和食まで英語で示されているのでしょう、と言っている。本当にそうかもしれない。

また、株式会社小松製作所の取締役会長である坂根正弘氏（現在は相談役という肩書き）は著書『言葉力が人を動かす』（二〇一二年）の中で次のように述べている（傍線は筆者による）。

> 会社で英語を公用語化してもグローバルリーダーは育たない。……世界で通用する人材やリーダーとは、英語で流暢に話せる人ではなく、話の中身のある人だ。この優先順位を間違えてはいけない。

全く同感である。そして今、文部科学省では、小・中・高の英語の授業のアクティブ・ラーニング（ＡＬ）の一環として、思考力の強化、人間性の育成なども含めて案を練っている。小・中・高の教育の充実化により「大学教育がカギ」の、そのカギのハードルが相当に高まることが予想される。大学教員も研修や研究会を積極的に設け、小・中・高のアクティブ・ラーニング（AL）の頼れる受け皿となれるよう周到な準備が必要である。

第三節　真のグローバル・エリート教育

言葉の修得は、単に意思の伝達手段の修得といった程度のことにとどまらず、一人の人間の人格全体の問題に根源的にかかわりをもっているということを、はっきりと自覚する必要がある

（大岡　信、一九八〇年）

社内英語公用語化を実践している某企業の会長のインタビューを、どこかで数年前に読んだことがある。「英語は単なるツールですから」という会長の言葉を、はっきりと憶えている。ツールとは道具、工具のことである。派生的な意味で手段という使われ方もする。人間以外の動物たちも、様々なツールをもって生きている。本能的に生命を維持している。言語は、これとは異な

る。道具や手段としてだけではなく、人間の教養や人格といったものと連動している。

小松製作所の坂根氏の意見は、仮に英語が単なるツールであったとしても、そのツールに向き合う人間、ツールを使う人間の教育を優先するべきである、と換言できるのではないだろうか。どんなツールであっても、それを用いる人間次第で、素晴らしい結果も、恐ろしい結果も出せるはずである。ツールを用いる側の教育を最優先するべきであり、社員が一律に同じツールを用いることを奨励しても、そこからは大きな効果は期待できない。坂根氏の卓見から、そのようなことが学べる。

日本の大企業の最高経営責任者を海外から招くこと、そして日本の企業でありながら英語を公用語とすること……。グローバル時代だからと、何でもかんでも、そのせいにして正当化することに危険はないのであろうか。第二章七節で定義した真のグローバル・エリートのあり方について真剣に考えない限り、グローバリゼーションという美名をまとった、巨大な地球規模の波が、日本の歴史が築いてきた国家としての尊厳までも呑み込んでしまうのではないか。そんな気もする。これは、今は単なる杞憂と笑われるかもしれない。しかし、本章で見たような英語公用語化といったグローバル社会を意識しての表層的な対策ではなく、国際舞台で日本を代表して正々堂々と発言できる、真のエリート教育を急がねば、杞憂が杞憂で済まされなくなる時代が必ずやってくる。ノブレス・オブリージュを理解できる、多くの若き勇士たちを社会に送り出すのが大学教育の義務である。

そして忘れてはならないのは、外国語教育とは世界を学ぶことにも通ずる人間形成のための学問であるということである。外国語を学ぶことは、その言語の背景にある文化、伝統、歴史といったものに触れることであり、世界観を大きく広げる学問である。

「外国語教育」と「語学」とは似て非なるものである。語学というのは「ことば」に留まる学びであり、ハード・パワーとしての文法規則を始めとする諸々のスキルを身につける工程である。勿論、これも非常に大切なことである。これは、小・中・高等学校で資格ある教師から、しっかりと学んで欲しい。「語学」として、しっかりと身につけた知識を基に外国語という学問に臨むことによって、言語の背景にあるものへの関心が深まれば、それがソフト・パワーとなり、外国語の能力がスマート・パワーとして出力されることが期待できる。それが、大学教育に求められることである。

大学において学ぶのは「外国語」であり、もはや「語学」と呼ぶべきものとは同質のものではない。大学に外国語学部というのがあっても、語学学部というのが無いゆえんである。文部科学省は小・中・高の英語教育を論ずる際、一貫して「外国語」という用語を使っている。小・中・高の教育に次の三つの柱を立てており、もはや「語学」の域を越えて、まさに「外国語」という人間形成の学問という認識で教育論を進めている（傍線は筆者による）。

1. 知識、技能
2. 思考、判断力、表現力
3. 学びに向かう力、人間性

英語による討論を始めとするアクティブ・ラーニング（ＡＬ）の実施は二〇二〇年以降である。(注1) 外国語教育という名の下で、これだけの教育を受けてきた生徒が大学に入学して受講する英語の授業が語学という名の下、全くアクティブでなく、読んで訳すだけのものであったら、失望するであろう。訳読式授業というのは、もはやカビ臭い前時代的な教授法であり、学生たちは、それでは満足しないはずである。

勿論、読んで訳すことも大切な技能であるが、より大切なことは、講読した内容に関して独自の意見を構築させ、意見を英語で書かせたり、発表させたり、討論させたり、ということを織り込むことである。これらの試みはグローバル時代に対応できる英語力と人間性を育成するために不可欠である。大学教育においては、学生に率先してリサーチをさせ、研究発表をさせることが望ましい（できれば、パワーポイントを活用しての発表であって欲しい）。

まだ「語学」という用語を使う大学があるとすると、そして、いまだにカビ臭い退屈な授業に終始する教員がいるとすれば、そういう姿勢の教育は、決して真のグローバル・エリート教育にはつながらないことを、まず自覚するべきである。

【注】

（1）二〇一六年八月現在の文部科学省による新しい指導要領の全面実施の計画は小学校が二〇二〇年、中学校が二〇二一年、高校が二〇二二年である。先行実施が可能な時期として小・中学校が二〇一八年、高校が二〇一九年という案が発表されている。

第七章

アダム・スミスに学ぶ

第一節　アダム・スミスとの出会い

第六章までは、英語の学習者と教育者側の双方を念頭に置いて論を進めてきた。本章においては、教育者側に視点を置き、僭越ながら、私が教員として大切にしていることについて述べさせていただくことをご了承いただきたい。

私の教育理念の根源はアダム・スミスの哲学にある。

既に何度か指摘しているように、日本は多言語多民族の国ではない。そのような国において外国語を学ぶには、それなりの緊張が伴う。外国語を「使う」以前の「学ぶ」時点で必要以上に構えてしまう傾向がある。少なくともリラックスして取り組むという心境になるのは難しい。外国語の授業に出席することだけでも大なり小なりの緊張、ストレスを潜在的に抱いてしまう傾向が強いのではないだろうか。私は次のことを主張したい。

学習者の過剰な緊張、不安、そして自己否定観念を始めとするマイナス思考、それらを除去する能力がない者は外国語を教える資格はない。私は確固たる信念をもって、これを断言する。緊張や不安、そして自己否定的な観念は巨大な弊害となり、学習者が本来もっている能力を封印し前に進めない状態にしてしまうケースもある。

学習者の緊張や不安などを取り除くための貴重な助言を与えてくれるのがアダム・スミスの書である。そしてアダム・スミスの哲学を私に教えてくれたのは、慶應義塾大学医学部を卒業した父親であった。父は同大学の日吉キャンパスでの思い出を、私が高校生の頃から、よく語ってくれた。ドイツ語と英語が堪能であった父は、哲学書を原文で読む楽しみを教えてくれた。そして私が最も感銘を受けたのがアダム・スミスの『道徳感情論』（一七五九年）であった。臨床医である父が患者と接するときに最も大切にするのはアダム・スミスの説く「共感の哲学」であったという。父の仁深き医療の基底を成すのが、この概念であった。そして、今、私が英語教育において学生と接する時に最も大切にしているのが、同じく、この「共感の哲学」なのである。

第二節　「共感」という哲学

アダム・スミス（一七二三～一七九〇）による『道徳感情論』（*The Theory of Moral Sentiments*）の初版は一七五九年である。あまりにも有名な『国富論』（*The Wealth of Nations*）の初版が一七七六年であるので、『道徳感情論』は『国富論』以前に執筆された哲学書である。

多くの翻訳書が出版されているが、アダム・スミスがいわんとしている「共感」とは一体、何を意味しているのか、なぜ、共感が道徳に結びつくのか、なかなか解釈が難しい。私の知る限り、最も理解し易い解説は谷口文章氏によるもので、これは大阪大学文学部の紀要に掲載されたものである。谷口氏はアダム・スミスによる「共感」を次のように解説している（傍線は筆者による）。

スミスの共感の機能の第一の特徴は、次のようにまとめられるであろう。想像力によって自己を、行為者の立場に置き換え（立場の相互交換）、いわば他人の身体に移入して彼と同じ人格になり（人格的移入）、彼の感覚に関する観念を作り（観念形成）、彼の感じた情念と似た感情を感じること（同胞感情の発生）により共感が成立する、そしてそのプロセスの間に理知的諸能力が作用している。

（『大阪大学文学部紀要』一九八〇年）

アダム・スミスの原文ではsympathyという用語が使われており、「同情」と訳したくなるところを、日本の学者陣が「共感」もしくは「同感」と訳している。これらは賢明な訳語である。「共感」という概念は、むしろ心理学用語であるempathy（感情移入）に近いものであるが、スミスがいわんとしていることを理解するためには、「共感」は的確な訳であり、この訳に対する批判は目にしたことがない。

「共感」であれ「感情移入」であれ、抽象的な概念であるので、学術的な定義は難しい。言語教育に取り入れるべき要因ではないという意見があるかもしれない。そんな時に思い出していただきたいのが、数学者の岡潔氏（一九〇一～一九七八）の言葉である。岡氏が一九六〇年に文化勲章を授賞する式典において天皇陛下から「数学はどのようにしてするのですか」という質問を受けた時のことが話題になった。岡氏の回答は「情緒です」であった。山道のわきに、ひっそりと咲く小さな花、それを美しいと思う心が数学を解く時に大切である、という話である。アダム・スミスの哲学（恐らく経済学も同様であると想像する）の研究において、また岡潔氏の数学の発展においても、人間の感性や情緒というものが如何に重要な位置を占めているかを学ぶことができる。

アダム・スミスは『道徳感情論』の第七部においてキケロやアリストテレスの倫理学に触れている。アリストテレスが一般には軽視されるような人間の側面を重視していることに言及し、スミス自身も、このアリストテレスの倫理観に共鳴している。アリストテレスが彼の倫理学の中で重視したものというのは、心の広さ、気品、寛大さ、そして、ひょうきんさと冗談の上手さ、であった（傍線は筆者による。傍線部の訳は、高哲男氏によるものである。『道徳感情論』講談社学術文庫　二〇一三年）。私は、人間にのみ与えられた、この四つの要因に深く感銘している。アリストテレスが重視し、アダム・スミスが共鳴している、この四つの人間的側面は、私の大学教育における、まさに指針となっている。

第三節　教育の中に生きる「共感」

崇高な哲学の話から唐突に我が青春の経験談に移行することに抵抗を感じながらも、英語の学習に関する話を進めさせていただく。かつて私は、ごく一般の受験生と同様、文法や単語、イディオムを一生懸命に覚える努力をした。それは時として耐え難い退屈な作業であり、ストレスに押しつぶされそうになり、逃げ出したくなることも、しばしばであった。江ノ島の海岸へ夕刻の静かな時間帯を選んで行き、沖に向かって「疲れちゃったよー」と叫んでストレスを吹き飛ばそうとしたことさえあった。

そんな経験が今では役に立っている。学生と英語を学んでいると、自分の昔の経験が学生たちの上に投射され、気がつくと、自分が頑張っていた時と同じくらい、いえ、それ以上に必死になって学生を指導している。そして、それを学生たちは読み取ってくれて、今度は学生たちが私に共感してくれるのである（勿論、授業中にそれを実感できるわけではない。履修が済んだ後に研究室を訪ねてくれる学生たちの話や、履修の修了時に思いがけずに渡される寄せ書きなどが、「相互共感」があったことに気づかせてくれるのである)。

授業中に学生が自分の意見を英語で発表する時の戸惑い、的確な語彙の模索、それは、すべて私が、かつて経験したことである。戸惑い、つまずき、といったものは、往々にして母語の影響、つまり日本語の構造や発想法が原因である。それが、学生たちの葛藤から、はっきりと読み取れる。発言したい内容が頭の中で、しっかりとした日本語の名文で準備されてしまい、それを直訳しようと必死に焦り、いとも奇妙な英語の表現になってしまう。そこで的確な表現になるようアドバイスをしていくうちに、次第に学生たちは、頭の中で、英語に変換し易い日本語の表現を準備するようになり、それが効率よく英語に置き換えるために必要であることを自ら体験する。試行錯誤を繰り返しながら、英語の表現力を向上させていく。このようなステップを踏むことが自然である。私は、いきなり「考える時も英語でしなさい」といった無謀な指導は控えている。

口頭表現であっても、書く練習であっても、学生のおかしな英語表現に遭遇した場合には、いきなり指摘して修正するのではなく、まず、学生が言わんとすることに真の関心を示し、正しく理解しようと努力する。「関心」は「共感」の前段階の極めて重要な役割を担う、そう確信している。学生が何を伝えたいのか、どのような考えをもっているのか、少し大袈裟な言い方かもしれないが、全身全霊で学生の発話、もしくは文章と向き合う。学生たちは練習を重ねていくうちに、規範的な英文法を学んだ者であれば、やがては教員の協力なくして、自己修正ができるようになる。この事実を重視し、これが第二章においてハード・パワーとして強制的に暗記させられる文法の規則は退屈ではあるが、しっかり学ぶ必要があると主張したゆえんである。

英語教育の現場での経験から、日本語を母語とする者が外国語を学ぶ際、母語の影響が非常に大きいことは明々白々である。従って日本語の構造の特徴や、日本語という言語ゆえの独特な発想法、そして言語運用にあたっての心理などを学ぶことが外国語学習にとって役に立つことが明らかになる。日本語の特徴に関しては、多くの専門家により数多くの書が出版されているので、それらをご参照いただきたい。本書においては、第八章で、日本語の世界では美学であっても、外国語学習にはマイナスに働いてしまう可能性のある日本語の特質などを六項目にまとめ、簡単な解説を加えさせていただいている。少しでもご参考にしていただければ幸いである。

第四節　英語ネイティブ教員の資質

アダム・スミスの話に戻る。私の英語の授業は、ほぼ百パーセント英語で行っているが、授業が終わって、学生が教室を出る時に、母語である日本語で「素晴らしいプレゼンテーションでしたね」などと声をかけてみることがある。すると、本当に嬉しそうな笑顔で応じてくれる。そのような場面においても、ある種の相互共感が生まれる。

竹中平蔵氏が『竹中流「世界人」のススメ——日本人が世界に飛び出すための条件』（二〇一三年）の中でネイティブでない教員から学ぶ効果を評価している。その根拠として、日本人の話す英語を聞くと学習者が「なるほど、こういう言い方をするのか」「こういう聞き方をするのか」という気づきが多い、と述べている。これは私の勝手な想像であるが、竹中氏の念頭にも「共感」に近い概念があって、このコメントに及んだのではないだろうか。ネイティブ教員は必要であるし、発音の問題を含め様々な面で教育効果が上がるはずである。多くのネイティブを雇用するという政策は間違ったこととは考えていない。しかし、ネイティブでない教員の存在意義も軽視していただきたくない、というのが私の本音である。

英語の教員として、ネイティブであることが必要にして充分な条件であるかのような振る舞いには閉口する。英語を教えるのだから英語を母語としている教員が優越しているという意識を露骨に示す傲慢と言っても過言ではないような者も少なくない。彼らの多くが日本語に興味を示すこともなく、日本文化を尊ぶ様子もなく、英語のネイティブであるのだから、当然、英語を教える資格を有しているという安易な判断をする。これは明らかに間違った認識であり、認めるべきではない。一方、日本語を含めて日本文化に深い興味を抱き、尽きない質問をしてきてくれるようなネイティブ教員たちには頼もしさと感謝を覚える。

第五節　世紀を超えた学問の進展

さて、ここでアダム・スミスの理論に関連した科学分野の研究をご紹介したい。一九九六年にイタリアの神経科学者であるジャコモ・リゾラッティを中心とするイタリアのパルマ大学の研究チームがサルの脳の実験中に、偶然、アダム・スミスの「共感」の理論を科学的に証明する発見をしたことが、脳科学、神経科学の分野では大きな話題となっている。

脳の一部であるミラーニューロンという神経が他人の共感を呼び起こすという発見である。そして、このミラーニューロンが人間の言語の発達にも関連しているのではないか、という仮説もある。サルの実験を人間には適用できない、とする反対派も多い一方、OECD教育研究革新センターの上級アナリストであり、教育神経科学を専門としているブルーノ・デラ・キエザ氏、そして日本の脳科学者、茂木健一郎氏を始めとする専門家の多くが「脳科学における世紀の発見」として、今後の脳科学の研究、教育学の研究に大きく貢献するとコメントしている。(注1)

私には脳の研究のことは、さっぱり解らない。ただ、次に引用させていただくマルコ・イアコボーニ氏の言葉には感銘を受ける。彼はミラーニューロンの発見者リゾラッティのチームの一員であった。長年UCLAで神経科学の研究を続けている(傍線は筆者による)。

人間の社会性の根本にある強力な神経生物学的メカニズムを理解することは、どうやって暴力行為を減らし、共感を育て、自らの文化を保持したまま別の文化に寛容となれるかを決定するのに、とても貴重な助けとなる。人間は別の人間と深くつながりあうように進化してきた。この事実に気づけば、私たちはさらに密接になれるし、また、そうしなくてはならないのである。

（『ミラーニューロンの発見』二〇一一年）

神経科学の世界も私とは縁遠いものではあるが、右のイアコボーニの所見、これこそが、グローバル時代に求められる生き方なのではないかと感銘する。

一八世紀の哲学者であり経済学者でもあるアダム・スミスの考えを二十一世紀の科学が解明しつつある。時空を超えた、なんと壮大なアカデミアの世界であろう。「英語教育のあり方」から脱線してしまったが、ご紹介するに値する科学の発見、研究であると考え付記させていただいた次第である。

【注】

（1）リゾラッティ・ジャコモ、コラド　シニガリア『ミラー・ニューロン』柴田裕之訳、茂木健一郎監修、紀伊國屋書店　二〇〇九年、二一五頁。

第八章

憶えておくと役に立つ日本語の特徴

第三章で解説させていただいたように、母語の特徴はドクサになりがちである。しかし、日本語を母語とする者が好む表現の背景にある心理や伝統的な美意識のようなものを学ぶことは、外国語学習において役に立つ。たとえ日本における伝統的な美意識に基づくものであったとしても、外国語学習においてや、コスモポリタン的な「世界の一員」を目標に進む中、時として大きなマイナス要因になってしまうこともある。同章で述べたように、グローバル時代とは、「我が文化を客観的な多視眼性をもって見つめ直す」好機とも言える。本章では、日本語を母語とする者が好む表現の例をいくつか挙げ、ごく簡単な説明を加えさせていただきたい。

第一節　全部を言わない美学

言語は心を伝えるもの、という伝統がある。俳句や短歌が、そうであるように、決して説明的ではない。極めて少ない語句の連鎖の中から、作者の思いを汲み取り、味わう、それが、日本の伝統的な美学であろう。この伝統的な美意識が現代人の中に間違いなく存続しており、多くを説明しなくとも理解して欲しい、理解してもらえる、という心理が働く。明確に説明することよりも、無意識のうちに、話し相手との共通項を模索し、対人関係は共通項の上に成り立ち、そこに理解が生まれることを期待する。言葉少なく理解し合う、それは日本的美学であり、日本の社会の一面である。

ここで挙げるには、ふさわしい例ではないかもしれないが、あくまでも理解し易いという理由で、美しい花の名について考えてみたい。「忘れな草」という植物名は、なんと美しく、そして可憐な響きがあるのだろう。この花の名は、ほのぼのとした癒しを与えてくれる。この花の名を耳にした人々は、様々な思いを籠めることができる。昭和時代であれば、母親が戦場に行った息子を忘れない、という思いかもしれない。今の若者であれば、遠くで就職をした親友のことを忘れない、かもしれない。さまざまな思いを籠めることのできる美しい花の名である。

アメリカ合衆国アラスカ州の州花であるこの花の英語名はForget-me-not（私を忘れないで）である。命名の起源を辿ると、ある恋人たちの別れのストーリーが背景にあることもあって、忘れないで欲しいと願っている「私」が明示されてる。日本語名の「忘れな草」のように想像の余地や、ほのぼのとした思いを託しにくい現実的な命名である。「忘れな草」という花の名は日本の伝統文化に通ずるものがある。説明的ではなく、美しい余韻を残し、解釈を相手にゆだねる。明確な説明より相手の解釈を尊重する、というのが日本の伝統的な美学の一面である。しかし、これは、異なる文化を背景にもつ人々を相手にしては殆ど、もしくは全く機能しない。この点を留意すべきである。

第二節　全部を言わなくて良い構造

日本語は主語を明示しなくても、文法的な文として成立するという特徴を有している。日本語においては、主語のない文を「主語が省略されている」とは解釈せずに、構文上、必ずしも主語を必要としない言語の構造をもつ、と考えることが正しい。

ここでも身近な例を、一つ挙げてみたい。あるＦＭラジオ局が東京都のイベントなどの情報を日本語と英語で提供してくれている。同じ内容を二つの言語で続けて解説してくれる。更に、親

切なのは、重要な部分を繰り返して報告してくれる。その際に、同じアナウンサーが英語では

I'll repeat that for you

と言い、日本語では一言、

繰り返します

だけである。仮に、ここで「私は繰り返します」と主語を明示すれば奇異な表現になってしまう。日本語は主語を必ずしも必要としない文法構造を有し、隠れた主語が発話者の「私」である傾向が強いこと、そして英文法に習って、完璧を求めて主語を置いてしまうと、実におかしな日本語になってしまう。「繰り返します」の文中にはアナウンサー自身もリスナーも明示されていない。しかし、日本語では、この形が最も自然な、しかも完璧な文なのである。言語によって、規範にかなった文の構成要素が異なることを意識することも大切である。

第三節　「私」が内在する形容詞群、動詞群

うらやましい、くやしい、悲しい、お腹がすいた、～たい、～と思う

などは、例えば「くやしがっている」とか「行きたいそうだ」といったように接尾辞や助動詞などを加えることなく用いられれば、主語は発話者である「私」と解釈される（ただし、語尾を上げて質問形にすれば、主語は聞き手の方になる）。このような例は枚挙にいとまがない。

英文で手紙などを書いてみると、殆どの文が第一人称のIから始まってしまう、という経験をなさった方もおられるはずである。これは、とりも直さず日本語の語彙には「私」が内在している例が非常に多いことを示している。従って、主語が必要な言語に置き換えてみると、内在しているはずの「私」が、はっきりと顔を出してしまい、Iの連発が起きてしまうわけである。

「日本語は個々の語が表わす内容を、話し手からの関係で捉える傾向が強い」という国語学者

である山口明穂氏の論は、まさに右の現象を説明するものである（『国語の論理』一九八九年）。山口氏が明言するこの日本語の特徴が、日本の英語学習者が、なかなか無生物を主語にした文を使いこなせないことの論拠にもなっている。

ひとつだけ実例を紹介させていただきたい。私は留学中に友人に「ケンブリッジは、居れば居るほど好きになる」と告げたかった。その時、私は高校で学んだ構文を使って〝The longer I stay in Cambridge, the more I come to love it〟と言った。まさにIの連発である。英国人の友人には、まわりくどい表現に思えたようで、友人いわく「それを言いたいならCambridge is growing on me の一言で充分に伝わる」とのことであった。まさに無生物を主語に置いた端的な表現である。強引に直訳すると「ケンブリッジは私にとって大きな存在になりつつある」となるが、英和辞典で調べてみると、確かに grow on には「気に入る」という意味がある。

本書で幾度となく指摘しているように、文法的な誤りがなければ、外国語なのだから不自然さがあって当然なのであるが、日本人が書く英文にIが頻出することは、日本語の表現が「私」の視点から捉える傾向が強いことを示唆している。このことを念頭に置いておくと、どこかで役に立つはずである。

第四節　「独り言」で成り立つ対話

英語のみならず西洋の多くの言語の研究は「我」と「汝」が根源語となる対話の原理に基づいている。しかし、日本語の場合、相手が不在の「独り言」のような構造の文で会話が成り立ってしまう。

身近な例で考えていただくとすると、例えば、会う約束の時間を三十分過ぎても来ない友人に対して、自宅で待っている場合であれば、「遅いなあ」と口に出してしまうと思う。これは「独り言」である。その状況が静かな喫茶店であれば、声には出さないと思う。この時の心内の「遅いなあ」が「もの思い」である。学術的には「心内語」または「内言」と呼ばれている。やっと走って来て現れた友人に対して「遅いなあ」と文句を吐き出すかもしれない。要するに、この例においての「遅いなあ」は独り言でもあり得るし、心内語（もの思い）でもあり得るし、更に相手あっての対話でも使える。

「〜なあ」という、日本人が好む表現に関してもう少し考えてみたい。ロシアの発達心理学者であるヴィゴツキーの「内言」(心の中の言語)の研究が興味深い。彼は「内言」が発達する前の段階に自己中心的言語の発達の段階があることを主張している(これは心理学者ピアジェと方向が逆になる説である)。自己中心的言語とは子供が他の人の存在を意識することなく、伝達を目的とせずに発する言語である。分かり易い例を挙げると、子供が誰もいないところで、キャンディを数えるために、一個、二個、三個と声に出して言うのは自己中心的言語であり、成長につれて、声に出すことなく、心の中で数を数えるようになる。これが内言である。

つまり、他人の存在を意識して外へ向かう言語と、内なる言語との間に、発達心理学的な考察によると、自己中心的言語がある、ということである。簡単に言ってしまえば、これは「独り言」の段階である。とはいえ、先に述べたように、日本語の特徴と「内言」の類似性をもって、日本語が自己中心的な言語である、と考えるのは論理の飛躍であり、極論である。しかし、ここで見る日本語の「〜なあ」に限ってだけは、ヴィゴツキーが定義するところの自己中心的言語の要素を含んでいると言ってよいと思う。

つまり、「～なあ」は誰もいないところで、自分の感覚や感情を表出する機能をもつ表現である。例えば、一人で散歩していて満開の桜をみて、「きれいだなあ」と発することもあるし、朝起きて、山積みの仕事を思い「やだなあ、今日は」と言うこともある。足のタコを眺めて「痛いなあ」とも言う。これらは、本書で言う「独り言」であり、ヴィゴツキーの言うところの自己中心性を帯びた表現である。

「～なあ」、もしくは短縮された「～な」という表現法に関して気づいていただきたい点は、この自己中心的とも言える「独り言」に近い表現が公式な伝達の場でも用いられてしまうことである。報道記者も使う。政治家も使う。次の例は公のインタビューで耳にしたものである。

難民の悲劇が二度と起こらないといいな、と思います。

厳密に言えば、これは右で挙げた職業の人たちが使ってはいけない表現法である。「独り言」

にもなり得る表現に「思う」という動詞を付加させることによって、相手に伝える形式となる。しかし、伝達表現になったとしても、この「〜なあ」や「〜な」という表現は、どこまでも独り言的な呑気な表現である。従って極めて緊迫した状況下で使われることはない。例えば、子供が誘拐された親のインタビューで、次の（一）は、まず聞かれない。必ず（二）のような訴えになるはずである。

（一）早く見つかるといいな、と思います。
　　　早く帰って来るといいな、と思います。

（二）早く見つかってほしいです。
　　　早く帰ってきて欲しいです。

この例からも分かるように、「〜な、と思います」は、かなり呑気な表現であり、「〜なあ」と伸ばせば呑気さが一層増し、これらは心内語、若しくは「独り言」に近い、いわば無責任とも言える表現である。できれば、政治家や公の報道を職業とする人々には使って欲しくない表現であるが、往々にして、この期待は裏切られる。

日本語を母語とする者による、この「独り言」、「心内語」的な表現を好む傾向は、外国語学習には決してプラスに機能するものではない。

第五節　実質よりニュアンス

これは、あくまでも私見であるが、日本の社会においては、ニュアンスが正しく響けば、それで良しとする傾向はないだろうか。

国際商法を専門としている弁護士の友人（日本人）がいる。彼女の経験談が日本的な言語運用の特徴を象徴している。日本の会社の営業について文書にして提出してもらうと、「なるほど」と思える立派な日本語の文書が届くそうだ。ところが、それを英訳してみると、「はてな」となってしまうほど、本質論の不明な書類になってしまうそうである。本質的なところを説明し理解を求めるという伝達の基本を踏まえた書類ではなく、実質的な会社の仕事の内容の詳細な説明よりも、良心的で立派な会社であることをアピールするような会社の理念が延々と述べられている。従って、英訳する時には、この好印象を与えるようなニュアンス的な要素が取り払われるために、結果として本質論が欠如した、つかみどころのない英文の書類ができ上がってしまうとのことである。

この友人は英訳してみて驚く以上に、英訳する前の日本語の文面を読み、自分にとって何ら違和感がなかったことの方に驚異を覚えると言っている。恐らく、同じ文化の中で育ったことで、英訳する前の好印象を与えるニュアンスの文面が、この日本人の弁護士にはプラスに機能するのであろう。そして英訳してみて初めて「はてな」となってしまうのだろう。

確かに、私たちは日常生活においても、仕事場でも、空気に浮遊している何かを頼って発言するようなところがある。「分かってもらえる」が前提となり、「説明する」「理解させる」「応答する」といった対話の基本を踏まえなくとも生活できる社会にいるのかもしれない。このことは、次の節で述べる「反論」を避けたいという心理の説明にもなる。

第六節 「甘え」の雄弁

日本の社会においては、言葉少なくしていれば反論を受けることもなく、不快な思いを回避できる、という潜在意識があるように思える。外国語学習において、この消極的な言語の運用は決してプラスには働かない。反論される可能性があっても、きちんと自分の考えを言語化して他者に伝えるメンタリティが、外国語学習において成果を上げる秘訣でもある。

これは私的観察に基づくものであるが、日本人は愚痴や式辞においては非常に雄弁になれると常々感じている。普段は口数が少ないにもかかわらず、愚痴になると親しい仲間を相手に延々と話し続ける人が多い。また、結婚式を始めとする式辞となると、同じく延々と語り続ける人が意外に多い。

これらは、すべて「甘え」の雄弁である。なぜ甘えかと言うと、愚痴の場合には、ちゃんと相手を選ぶ。手放しに同情してくれて、「お怒りは、ごもっとも」と、仮に愚痴を言っている側が間違ったことを言っていたとしても、「ごもっとも」だけで応答してくれる相手を選んでストレスを発散する。式辞も同様に、絶対に反論する人はいない。例えば、結婚式を例にとると、新郎新婦に贈る言葉を延々と続けても、周囲の人々は心の中で「早く終われ」と叫ぶことはあっても、反論することはあり得ない。

日本人は自己表現が苦手ということを耳にする。だが苦手か得意かは別として、自己表出の願望が強い人は意外と多いのではないだろうか。「反論」の余地のない「言いっぱなし」の自己表出においては雄弁であるかのように見てとれることがある。そして、この種の雄弁を私は「甘え」の雄弁と呼びたい。

また一方、気心が知れた相手とであれば、対話を存分に楽しめる。しかし、気心が知れた相手でないと、対話が殆ど成立しない傾向がある。これも、まさに「甘え」である。「甘え」が成立しない相手と対話をして、その相手が自分の意見に反論したとする。そのような場合、自分の言った内容を通り越して、もっと深いところ……人格のようなところにまでグサリと突き刺さり、自分の存在が否定されたかのような屈辱さえ感じることもある。深い傷を残すだけで終わってしまうこともある。

逆の場合も同様である。勇気をもって反論してみたところ、翌日から冷ややかな視線を感じるようになった経験のあるかたも多いと思う。日本の社会では、一般に反対意見やユニークな発想は、あまり歓迎されない。ともすれば「変な人」になってしまう。特に職場での「話し合い」などは建設的であるべきで、改善策を模索する中、当然、反論を含めたやりとりがあって良いはずである。予想外の意見の中に名案や真理が潜む場合もあるかもしれない。しかし、なかなか真剣に取り上げてはもらえない。異論を表明するより、むしろ何も言わずに同意していることが良しとされる伝統のようなものが拭い去れないのが日本の社会である。

右で示したような日本の社会に特有な言語の運用の理想は、外国語学習においては足を引っ張ってしまう要因になりかねない。英国の大学で、学生が先輩や教授に向かって正直に自分の考えを述べ、反論されれば、更に、それに応答していく真摯な姿勢を私は今でも、はっきりと憶えている。そして、これがフェアな学問の世界であり、フェアな社会の構築へと繋がるのだと思う。右で述べた日本の社会の一面は、日本においては、それなりに機能することであっても、国際社会においては決してプラスに機能するものではないことを自覚することが必要である。
向坂寛氏は『和の構造』（一九七九年）において、日本人の言語運用に関して次のように述べている。

言葉によって事実を正確に伝えたり、討論しながら、相手を説得していく技術の伝統は、始めからなかったともいえよう。日本人は、繊細、微妙な言の葉（ことのは）にたくして、相手の心情に訴えたり、相手の心情を察したりする訓練はできているが、事を分けて、淳淳と説く忍耐力も技術ももち合わせていない。

若干の誇張はあるものの、なるほど、と思える所見である。本章の最後に強調させていただきたいことは、コスモポリタン的な精神をもつ「世界の一員」となるために、まず必要なのは、自己と異なる考えや生き方を理解しようと努力する寛容性、そして必要であると判断する状況下では、しっかりと反論する勇気、反論に対しては応答する叡智である。これは、母語であること、外国語であること、を越えた人間性の問題でもあり、知識と素養が求められる。

私自身、この目標に向かって学生たちと共に「学び」を続けている。

結語に代えて

（世界の言語に関する質問）

本書は、グローバル時代において国際語という格付けがされている英語に焦点を当て、その学習法、教育法を中心に改善のための提案を試みた。

グローバルという壮大な地球規模の話にふさわしく、壮大なる言葉をもって本書を完結させようとも考えたが、それは止めることにした。コスモポリタン的な世界観をもって言語について考えるための基本は、まず地球を高次（メタ）に眺めることである。小さな国に生まれ育ちながらも、意識は地球規模にならねばならない時代である。少し実践的な試みをもって本書の結語に代えさせていただきたい。

世界の言語に関して、四つの質問を考えてみた。たったの四問ではあるが、読者の皆さんが言語を地球規模で考えるきっかけをつくることに、ほんのわずかでも貢献できれば、それが本書の筆者にとって最も壮大な結語となる。そのような思いを抱いて本書を閉じさせていただく（解答は謝辞の次のページを参照）。お読みいただいたことに感謝をこめて。

問1　一つの国で最大数の言語をもつのはパプアニューギニアである。おおよその数は？

（1）二〇〇　（2）五〇〇　（3）八〇〇

問2　国連が発足した当時の5つの公用語に、追ってアラビア語が加えられた。その理由は？

問3　Brexit（イギリスの欧州連合離脱）の交渉が成立して実際に英国が欧州連合から抜けるまでの加盟国は二八。欧州連合の公用語は二四。なぜ、四つの差があるのか。

問4　アメリカの国家語は？

謝辞

半学半教という慶應義塾大学の教育理念のもと、共に歩んでくださる在学生の皆さん、そして数多くの卒業生の皆さんに心より感謝しております。

学生の皆さんの頑張りと純心さに支えられて、今日の筆者があります。

末筆にて失礼ながら、お世話になりました北樹出版のスタッフの皆様に厚く御礼申し上げます。

〔結語における質問の解答と解説〕

問1　（3）八〇〇　が正解。そしてパプアニューギニアにおける公用語は英語である。英語以外に使われている言語の厳密な数は不明である。様々な文献を参照すると、七五〇から八三〇までである。従って、八〇〇という数が最も現実に近い数である。

オーストラリアに近く、オセアニアの一国である、このパプアニューギニア独立国の面積は日本の一・二五倍あり、日本より大きな国ではあるが、人口は約七〇〇万人と、日本とは比にならないほど少ない。この人口で八〇〇近くの言語を有していることは想像を絶するが、世界の言語事情として知っておくべき驚異である。

パプアニューギニアにおける約八〇〇の言語をもつ民族が実務上、公用語としているのが英語である。日本で学ぶ英語と如何に異なったものであるかは容易に想像できる。

問2　国際連合が発足した当時の公用語は英語、中国語、スペイン語、フランス語、ロシア語の五言語であった。国際連合は第二次世界大戦の戦勝国が主体となり設立されたためにドイツ語は含まれていない。アラビア語は、一九七〇年に加えられた。その理由は石油危機である。世界が石油産出国との交渉を求め、資源外交という名のもと、中東の立場が強化されアラビア語が加えられたわけである。

問3　解答としては、「四つの国が、その国独自の主要言語を登録していない為」で充分。四つの国と、その主要言語は次の通りである。

キプロス　　　ギリシャ語
オーストリア　　ドイツ語
ベルギー　　　オランダ語、フランス語
ルクセンブルグ　ドイツ語、フランス語

実はルクセンブルグ語というのは存在している。ルクセンブルグという一国における公用語としては認められているが、国内でも一般にはドイツ語とフランス語が使われているために、欧州連合の公用語には含まれていない（歴史を辿れば、この言語はドイツ語のひとつの方言であった）。

問4　これは少し意地の悪い質問で、解答はなし。アメリカ合衆国には国家語と呼ばれる言語は存在しない。法によって定められた公用語と呼ばれるものもない。言うまでもなく、英語が主なる言語ではあるが、アメリカ合衆国＝英語の国、という認識は厳密には誤りである。アメリカ合衆国の国旗の五〇の星は五〇の州を意味しているが、そのうち、英語を公用語としている州は三〇だけである。合衆国の中でもメキシコに隣接する州ではスペイン語が広く使われ、またカナダに隣接する州ではフランス語を話す人が他の州より多い。

アメリカ合衆国＝英語の国ではない証明にもなるが、アメリカ合衆国において英語公用語論が生じることすらある。日本では考えられないことであるが、他国では政治家の選挙戦略に言語の問題が利用されることがある。アメリカの場合、一九九六年の大統領選挙において、共和党のブキャナン氏は合衆国における英語公用語化を選挙演説に含めた。一方、民主党のクリントン氏は英語を公用語とはしないことを公約として演説した。英語を母語としない国民、特にスペイン語に愛着をもつ人々の支持を得る為の選挙戦略であった。

主要参考文献

イアコボーニ，マルコ、塩原通緒訳『ミラーニューロンの発見「ものまね細胞」が明かす驚きの脳科学』早川書房　二〇一一年

今井むつみ・野島久雄・岡田浩之『新　人が学ぶということ――認知学習論からの視点』北樹出版　二〇一二年

ヴィゴツキー，レフ・セメノヴィチ、柴田義松訳『思考と言語　上・下』明治図書　一九六二年

宇津木愛子『日本語の中の「私」――国語学と哲学の接点を求めて』創元社　二〇〇五年

宇津木愛子「日本語の述語論――「ものおもい」の言語という捉え方」『季刊　iichiko――特集・日本語の文化学　創刊二十周年記念号』二〇〇六年

OECD教育研究革新センター編著『グローバル化と言語能力――自己と他者、そして世界をどうみるか』明石書店　二〇一五年

大岡　信『詩とことば』花神社　一九八〇年

オースティン，ピーター・K編、澤田治美日本語版監修『ビジュアル版　世界言語百科――現用・危機・絶滅言語一〇〇〇』柊風舎　二〇〇九年

大原始子『シンガポールの言葉と社会――多言語社会における言語政策』三元社　一九九七年
奥村みさ・郭　俊海・江田優子ペギー『多民族社会の言語政治学――英語をモノにしたシンガポール人のゆらぐアイデンティティ』ひつじ書房　二〇〇六年
小野沢　純他著『ＡＳＥＡＮの言語と文化』高文堂出版社　一九九七年
梶　茂樹・中島由美・林　徹『事典　世界のことば１４１』大修館書店　二〇〇九年
唐澤一友『世界の英語ができるまで』亜紀書房　二〇一六年
クリスタル，デイヴィッド、國弘正雄訳『地球語としての英語』みすず書房　一九九九年
向坂　寛『和の構造――ギリシア思想との比較において』北樹出版　一九七九年
『ことばと社会』編集委員会・編『ヨーロッパの多言語主義はどこまできたか』三元社　二〇〇四年
近藤正臣『言語・文化・発展途上国――社会科学複眼思考』北樹出版　一九八九年
坂根正弘『言葉力が人を動かす――結果を出すリーダーの見方・考え方・話し方』東洋経済新報社　二〇一二年
塩野七生『日本人へ――危機からの脱出篇』文藝春秋　二〇一三年
渋谷謙次郎編『欧州諸国の言語法――欧州統合と多言語主義』三元社　二〇〇五年
スミス，アダム、高　哲男訳『道徳感情論』講談社学術文庫　二〇一三年
竹中平蔵『竹中流「世界人」のススメ――日本人が世界に飛び出すための条件』ＰＨＰビジネス新書　二〇一三年

田中克彦『ことばと国家』岩波新書　一九八一年
ナイ，ジョセフ・S、山岡洋一、藤原京子訳『スマート・パワー――21世紀を支配する新しい力』日本経済新聞出版社　二〇一一年
中村和夫『ヴィゴツキーの発達論――文化・歴史的理論の形成と展開』東京大学出版会　一九九八年
船橋洋一『あえて英語公用語論』文藝春秋　二〇〇〇年
本名信行『事典　アジアの最新英語事情』大修館書店　二〇〇二年
町田　健『言語世界地図』新潮社　二〇〇八年
松浦晃一郎『国際人のすすめ――世界に通用する日本人になるために』静山社　二〇一一年
水村美苗『日本語が亡びるとき――英語の世紀の中で』筑摩書房　二〇〇八年
三上喜貴・中平勝子・児玉茂昭『言語天文台からみた世界の情報格差』慶應義塾大学出版会　二〇一四年
山口明穂『国語の論理――古代語から近代語へ』東京大学出版会　一九八九年
山本麻子『ことばを鍛えるイギリスの学校――国語教育で何が出来るか』岩波現代文庫　二〇一二年
リゾラッティ，ジャコモ、コラド　シニガリア、茂木健一郎監修、柴田裕之訳『ミラーニューロン』紀伊國屋書店　二〇〇九年
早稲田大学国際言語文化研究所『ＢＲＩＣｓの経済と言語文化を学ぶ』公開国際シンポジウム報告書　二〇〇七年

[著者紹介]

宇津木　愛子（うつぎ　あいこ）

横浜雙葉学園卒。上智大学外国語学部卒。同大学修士課程、理論言語学専攻修了。英国ケンブリッジ大学に留学、博士号を取得（英語構文の分析）。学位取得後も研究を続け、ケンブリッジ大学における研究歴は約 8 年。
専門は理論言語学。現在、慶應義塾大学商学部教授。2002 年より現在に至るまで、同大学、教職課程センターにおける英語科専門委員を歴任。英国式ディベート国際大会における決勝戦の審査員を務められる有資格者。

世界と英語と日本人

2016 年 11 月 2 日　　初版第 1 刷発行

著　者　　宇津木　愛　子

発行者　　木　村　哲　也

・定価はカバーに表示　　印刷　中央印刷／製本　新里製本

発行所　有限会社　北樹出版

http://www.hojuju.jp

〒153-0061　東京都目黒区中目黒 1-2-6

電話(03)715-1525(代表)

ISBN978-4-7793-0509-2